全域旅游创新模式研究丛书 第二辑 戴学锋◎主编

全域旅游的溧阳高质量发展实践

杨明月◎著

中国旅游出版社

《全域旅游的溧阳高质量发展实践》
编委会

作　者：杨明月

指　导：戴学锋

顾　问：徐华勤　叶明华

编　委：张雅萍　李　球　冷　洁　晋　松

《全域旅游创新模式研究丛书》序

　　1978 年中共十一届三中全会拉开了中国改革开放的大幕，当时要解决的核心问题是生产要素固化的问题，那时候每一台机器设备、每一块土地、每一项技术甚至每一个人，都被固化在"单位"上，不能按照市场的要求流动。中共十一届三中全会决议最重要的就是要打破几十年计划体制形成的生产要素固化的弊端，然而从哪里入手突破？为此，邓小平同志于 1979 年发表黄山讲话，把旅游业作为改革开放先行先试的行业。

　　中共十一届三中全会的第二年——1979 年出台了《中华人民共和国合资经营企业法》，1980 年就有三家合资企业诞生——京港合资北京航空食品有限公司、中美合资北京建国饭店和中美合资长城饭店，这三家企业中，有"两家半"是旅游企业。这些企业在打破生产要素固化，特别是在打破人事管理固化的计划经济体制方面做出了积极的贡献，在企业内部用人制度上，实现了取消干部和工人的界限，打破了八级工制只能上不能下、收入封顶、干多干少收入一样、企业不能辞退员工等僵化的计划体制弊端，为生产要素按照市场需要的方式配置进行了积极有效的探索。此后，深谙邓小平同志改革开放理论的胡耀邦同志提出全国学建国，把旅游业的改革经验推广到了全国。

　　由于中国的改革开放走的是一条渐进式的改革道路，经过改革开放 40 多年的实践，我国在打破生产要素固化方面已经较为完善，然而在对市场经济的管理方式上，不适应当前市场经济发展的方面还不少，而且越早制定的法规条例越不适应市场经济发展的需要。因此，在 2013 年再次启动改革的中共十八届三中全会上，提出了"要让市场在资源分配中发挥决定性作用"的重要思想，并提出"全面深化改革的总目标是完善和发展中国特色社会主义制度，推进国家治理体系和治理能力现代化"。中共十八届三中全会的第二年，也就是被社会各界认为是中国全面深化改革元年的 2014

年，国务院出台了 31 号文《关于促进旅游业改革发展的若干意见》，显然是再次把旅游业作为改革的破冰产业。

作为全面深化改革破冰产业的旅游业从哪里入手，怎么解决管理体制僵化的矛盾，如何建立起"让市场在资源分配中发挥决定性作用"的管理体制，面对这一系列问题，国家旅游行政管理最高层开出的药方是"全域旅游"。全域旅游是指在一定区域内，以旅游业为优势产业，通过对区域内经济社会资源尤其是旅游资源、相关产业、生态环境、公共服务、体制机制、政策法规、文明素质等进行全方位、系统化的优化提升，实现区域资源有机整合、产业融合发展、社会共建共享，以旅游业带动和促进经济社会协调发展的一种新的区域协调发展理念和模式。

改革开放之初，以旅游业为突破口带动全面改革开放的一个重要举措，就是中央层面的改革开放思想在解放生产要素的最基层——企业上率先实践，从而融化了生产要素固化的坚冰，使改革开放落到了实处。全面深化改革关键是"推进国家治理体系和治理能力现代化"和"让市场在资源分配中发挥决定性作用"，也就是要解决政府对市场经济管理方式固化的问题，此时的最基层显然是基层政府，也就是以旅游业为优势产业的县。因为，县级是自秦始皇制定郡县制以来，中国最基本的行政管理细胞。全域旅游通过县级层面的先行先试，突破不再适应社会主义市场经济的体制机制、政策法规、软硬各种环境，建立起以旅游市场分配资源的新理念，以旅游业带动社会经济全面发展的新模式。

自全域旅游概念提出以来，以旅游业为优势产业的地区，围绕让旅游市场在资源分配中发挥决定性作用，以创建全域旅游示范区为抓手，在全国各地探索了很多创新管理经验，有的在旅游业管理体制机制上，有的在招商引资方式上，有的在土地利用上，有的在财政金融支持上，有的在旅游市场治理上，有的在维护旅游者合法权益上等进行了全方位积极的探索。为了进一步总结各地创建全域旅游示范区的经验，我们组织编写了这套《全域旅游创新模式研究丛书》，希望全域旅游示范区建设在推动全面深化改革中的好做法能得到广泛推广，希望旅游业能为全面深化改革做出更大贡献。

戴学锋

序言一

全域旅游是指在一定区域内，以旅游业为优势产业，通过对区域内经济社会资源尤其是旅游资源、相关产业、生态环境、公共服务、体制机制、政策法规、文明素质等进行全方位、系统化的优化提升，实现区域资源有机整合、产业融合发展、社会共建共享，以旅游业带动和促进经济社会协调发展的一种新的区域协调发展理念和模式。

创建全域旅游示范区在促进地方旅游业发展的同时，帮助以旅游业为优势产业的区县，在社会经济转型和高质量发展中找到一条路径，以期突破长期制约地方社会经济发展的政策体制障碍和产业瓶颈，为我国探索治理体系和治理能力现代化，起到推动作用。

溧阳全域旅游实践是体制机制的全面创新。通过围绕旅游市场进行资源配置与管理，进行体制机制的系统性优化和创新，以建立适应社会主义市场经济的管理体制机制，从而促进全社会管理体制机制的全面深化改革。

溧阳全域旅游实践是旅游管理模式的创新。在管理方式上，形成了"全市一盘棋"，全社会齐抓共管的管理模式。动员社会各个层面全面参与到旅游发展中来，形成你中有我、我中有你，相互促进的发展局面，而不是旅游部门的孤军奋战。

溧阳全域旅游实践是社会文明的全面提升。以全域旅游为引领，溧阳成为长三角地区重要的文旅休闲胜地，成为我国城乡融合发展的典型案例。通过旅游业的发展，不仅使自然生态得到复原、社会生态进一步好转，还全面提升了全社会的文明程度。

本书的写作过程，也是我们认识溧阳、学习溧阳、推广溧阳的过程，通过对溧阳资料的研读，特别是到溧阳的实地调研，我们发现溧阳在全域旅游示范区创建过程中的创新举措不胜枚举，特别是在释放乡村要素资源红利、释放城乡要素流动的体制机制红利、充分调动基层农民积极性等方面进行了一系列的探索和创新。每一项创新举措的背后，都是一系列难度极大的综合操作，都必须突破现有体制机制与管理方式的束缚，溧阳的创新经验值得总结提炼，值得借鉴推广。

本书在"十四五"开局之年和新发展格局的背景下，站在国家全面深化改革的视角，系统解读了溧阳市全域旅游发展实践，系统阐释了溧阳市以全域旅游建设引领社会经济高质量发展的县域治理逻辑与成就，剖析了溧阳市在全域旅游示范区建设方面的政策创新、体制机制创新等工作，形成可学习、可复制、可推广的溧阳经验，溧阳的明天会更好！

中国社会科学院财经战略研究院　戴学锋　研究员

序言二

最爱茶香润春色，醉在溧阳好风光。

溧阳，这方曾打动李白的山水，如今把"上有天堂，下有苏杭；出了苏杭，美在溧阳，陶醉蔡邕"作为美丽愿景。"美在溧阳"归结到一句话就是——到溧阳，就是一种生活方式。如果您想亲近自然，那么到溧阳就是休闲的生活。"三山一水六分田"的传承守护，造就了迤逦如画的秀美风光，南山登一顶而俯三省，天目临一湖而幸平生；曹山观花海而阅四季，瓦屋听禅音而传八方。365公里"溧阳1号公路"蜿蜒而过，既连接了田园美意，也勾勒了诗和远方。牛马塘薯愿成真，杨家村浸润乡愁，礼诗圩荷塘月色，塘马村农家烟火，庆丰村金色丰收。在"清风朗月·溧阳茶舍"间沏一壶白茶、品一段宁静，忘却烦恼，惊艳时光。如果您想感知传承，那么到溧阳就是文艺的生活。一把焦尾琴，穿越千年、古韵悠扬；一句观自在，自觉自我、静心如常。2200多年传承，史侯的忠勇、贞女的信义、孟郊的孝慈、蔡邕的明慧，赋予了感恩信义的城市人文，秦堂山遗址的厚重、良渚梅岭玉的温润、淳化阁帖溧阳本的沧桑，映射出历久弥新的灿烂之光。文明成了一道新的风景，讲诚信、明礼节、爱诗书、守法度蔚然成风，"扫雪新人""赤脚妈妈"等凡人善举塑造了溧阳这座全国文明城市的集体人格。如果您想永葆健康，那么到溧阳就是颐养的生活。四季分明、气候温润，水质弱碱、土壤富硒，成就了世界长寿之乡和中国天然氧吧的美名。这里有丰饶的滋养元素，天目湖、长荡湖国家湿地公园、天目湖国家森林公园"清新洗肺"，白茶、乌米、鱼头汤等"三黑三白""舌尖康养"；这里有丰裕的医养资源，江苏省人民医院、江苏省中医院2所溧阳分院龙头引领，中德富尔达康颐社区、天目湖生命康原建设紧跟而上，"医养融合、康养结合"真正让您"老有雅居、老有善养"；这里有丰富的康养产品，御水温泉、美术树屋可享身心宁静，涵田养心谷、蓝城悠然南山可品岁月安好，曹山未来城、中再生康养中心蓄势待发，多姿多彩的"溧阳康养游"只等您来。如果您想追逐梦想，那么到溧阳就是奋斗的生活。江苏中关村科技城高扬创新大旗，用朝气弹奏着奋进的舞曲；苏皖合作示范区建设日趋深化，溧阳与宜兴、郎溪、广德、长兴、安吉和上海白茅岭农场协同推进的长三角产业合作发展区建设，演绎出华美的乐章。先进制造、高端休闲、现代健康、新型智慧"四大经济"点燃激情，南航天目湖校区、中科院长三角物理研究中心、上海交大、重大与东大等大校大所激扬创新，机关围墙敞开、高中入城、"五堂一站"等民生工程造福城乡。这是一幅"环境更友好、发展可持续、群众得实惠、政府有收益"的幸福长卷，人人都能从中找到人生出彩的机会。在这里，可长居可小憩，可创业可旅游，可挥洒青春可安养晚年。心之所安，即是故乡。

到溧阳，是一种生活方式；为溧阳，则是一种生活追求。当前，我们正乘着社会主义现代化建设试点东风，以"生态创新、城乡融合"为特质，打造长三角生态创新示范城市。心之所向，春之朝阳。我们将秉持"绿水青山就是金山银山"的理念，与每一个对溧阳心向往、心所属的人一起，守护生态美丽、追求产业美好、丰富文化美妙，创造生活美满，阔步奔向"处处绿水青山、家家金山银山、人人寿比南山"的绿色现代化！

谨向所有关心支持溧阳全域旅游发展和经济社会建设的各界人士致以诚挚的感谢！

中共溧阳市委书记

徐华勤

此为在 2020 中国·溧阳茶叶节暨天目湖旅游节上的致辞，谨以此代序。

导　言

从我国改革开放到全面深化改革的国家治理实践中可以看出，旅游业发展与国家治理之间存在着极为密切的关系。旅游业是我国政府进行国家治理体系建设和实践的重要产业工具，也是促进整个国家经济、社会、生态全面发展的重要抓手。

从 1978 年改革开放到 2013 年深化改革，我国在国家治理体系和治理能力建设的顶层设计探索中，始终将旅游业作为国家治理体系和治理能力建设中的重要产业、试验田和突破口。

40 多年前开启的改革开放，改革开放总设计师邓小平同志把旅游业作为中国改革开放的窗口产业，建立了旅游业和国家治理间的最初连接。旅游业充分发挥了改革开放试验田的作用，凭借"船小好掉头"的产业特点，对内参与改革，对外面向开放，将原本固化的生产要素激发出前所未有的活力，为我国改革开放的持续推进起到了非常重要的引领作用。

2012 年，经过 30 多年的高速发展，我国经济社会发展取得了突出的成就，但同时也积聚了一系列深层次的矛盾。头痛医头还是系统整治？直面问题还是绕道而行？一道道时代课题，摆在新一届党中央领导集体面前。2013 年，具有历史性意义的党的十八届三中全会胜利召开。习近平总书记亲自主持起草的纲领性文件《中共中央关于全面深化改革若干重大问题的决定》正式通过，首次将推进国家治理体系和治理能力现代化作为全面深化改革的总目标。2014 年国务院出台了《关于促进旅游业改革发展的若干意见》（国发〔2014〕31 号文件）以及 2015 年全域旅游的提出，再次将旅游业和国家治理连接起来，将旅游业作为国家深化改革的突破口[①]，在更深层次上激

---

① 戴学锋. 全域旅游：实现旅游引领全面深化改革的重要手段 [J]. 旅游学刊，2016（9）.

发生产要素活力、促进生产要素流动。

从 1978 年改革开放伊始，到 2013 年深化改革实施，我国旅游业在国家治理实践中取得了一系列创新，有力地推动我国经济、社会、生态全面发展。在这一系列创新中，县域作为国家治理实践的基础和前沿阵地，与旅游业发展紧密结合，为整个国家的治理实践提供了丰富的创新案例。

改革开放之初，早在 1983 年，时任河北省正定县县委书记的习近平同志，把旅游业作为县域治理实践中的重要抓手，实施"旅游兴县，开创了旅游业的'正定模式'"①，可以说习近平同志是把旅游作为推进县域治理的重要产业工具和重要实践抓手的开拓者和实践人。在正定任职期间，习近平同志的旅游与县域治理实践，为后续以"绿水青山就是金山银山"理论为重要内容的习近平治国理政思想的出现，奠定了重要的实践基础。

资料 1：

当年习近平在正定发展"半城郊型"经济，实施"旅游兴县"，大念人才经，开拓翻番路，其间也是历尽艰辛。就拿修建影视基地《红楼梦荣国府》来说，一开始也是阻力重重。首先是县里财力不足，投资兴建荣国府需要资金 300 万元，而当时全县财政收入才 1000 万元。还有一些人认为这是个冒险的项目，搞不好可能收不回本。但习近平同志出于对中华优秀文化的自信，一面排众议做说服工作，一面筹措资金开工建设。1986 年 8 月，历时 1 年 8 个月，耗资 350 多万元、总建筑面积 37000 平方米的"荣国府"景区顺利竣工。1987 年，随着电视剧《红楼梦》的播出，正定知名度大大提高，当年有 130 万人次前来参观游览，单门票收入就达 221 万元，旅游收入达 1761 万元，很快就收回了投资。荣国府建成开放时，习近平同志已经调离正定工作。但"荣国府"景区极大地带动了正定旅游业的发展，开创了旅游业"正定模式"。（程宝怀，刘晓翠，吴志辉. 习近平同志在正定 [N]. 河北日报，2014-01-02（1））

① 程宝怀，刘晓翠，吴志辉. 习近平同志在正定 [N]. 河北日报，2014-01-02（1）.

资料 2：

当年习近平在正定担任县委书记时，解放思想，敢于担当，以改革思维推进工作。在经济建设上率先推行"大包干"，发展"半城郊型"经济；在政治建设上提出"创先争优"，真刀真枪从严管党治党；在发展思路上提出旅游兴县，用足用活文化资源；在生态建设上提出"宁可不要钱，也不要污染"，实现可持续发展等；在发展后劲上提出"念好人才经，开拓翻番路"。经过三年的努力，正定县的经济发展和人民生活水平有了大幅度提高，贫困问题得到解决。1984 年，全县 10 项经济指标创历史最高水平，工农业总产值达到 38650 多万元，比 1980 年翻了一番，农村人均收入达到 478 元。（习近平. 知之深爱之切 [M]. 石家庄：河北人民出版社，2015.）

2013 年全面深化改革开启序幕，为贯彻习近平总书记关于全面深化改革的决定，在更高目标、更深层次上，推进旅游业和国家治理的实践，2015 年国家旅游局提出了全域旅游。作为国家治理体系和治理能力现代化的重要组成部分，全域旅游从制度设计上将旅游业发展与国家治理结合起来，从顶层设计上完善了旅游业的治理功能，完善了旅游业支持国家治理体系建设的全新模式。紧接着，国家旅游局推出全域旅游示范区创建工作，以县域为基础验收单位，促进旅游业和县域治理的创新实践不断发展。

全域旅游的推出，将旅游业治理与国家治理、县域治理相结合，得到了习近平总书记的充分肯定。2016 年 7 月，习近平总书记在考察时指出，"发展全域旅游，路子是对的，要坚持走下去"。

2015 年全域旅游示范区创建以来，国家全域旅游示范区共验收两批，2019 年 9 月第一批 71 个示范区通过验收，2020 年 11 月第二批 97 个示范区通过验收。在全域旅游顶层设计的引领下，涌现出一批旅游业和县域治理的创新实践案例。

在整个国家治理体系和治理能力现代化建设顶层设计中，江苏省具有重要位置，是国家治理实践落地的关键一环。江苏省在全域旅游示范区创建中，严格落实习近平总书记对"强富美高"新江苏的要求，将全域旅游创建与江苏省治理目标相结合，以全域旅游作为深化改革的突破口，引领江苏省经济、社会、生态全面发展。在 2020 年第二批全国全域旅游示范区验收中，江苏省五家示范区全部通过验收。在这五家通过验收的示范区中，溧阳市在以全域旅游引领县域发展方面，创新实践意义重大。溧阳市将旅游业发展与县域治理目标相结合，以旅游业作为关键产业促进县域经济社会生态全面发展，具有非常重要的示范作用。

县域是国家治理和治理能力现代化的基础，我国有 2800 多个县级行政单位，县域的发展直接影响国家的稳定发展。因此，有必要从促进县域治理的目标出发，对溧阳在全域旅游创建过程中，以全域旅游为抓手，推进县域治理改革创新的经验进行总结，将有助于为我国县域治理实践提供借鉴，使这些有益经验在全国县域示范、推广、落地。

溧阳是国内较早探索旅游业与县域治理的地区，早在 20 世纪 90 年代初期，便开始探索以旅游业作为重要产业的"四大开发"①，实现了县域经济发展，解决了当时县域治理中的核心问题——让百姓吃饱穿暖的问题。1992 年，溧阳将旅游业作为溧阳县域经济社会改革开放的重要窗口，将原本治理旱涝的水库作为旅游资源，打造成天目湖，从而提升了溧阳的知名度，吸引了游客和投资，激活了原本固化的县域生产要素。1992 年，溧阳名列中国农村综合实力百强县（市）第 81 位，自此，溧阳在综合实力百强县（市）榜单长期榜上有名。溧阳早期的旅游业和县域治理探索，在增加旅游业收入、促进县域直接经济增长上虽取得了一定成效，但由于缺乏对旅游产业治理工具的系统性、整体性、综合性认识，没有充分发挥旅游业在景区之间、产业之间、经济社会发展之间、城市和乡村之间、县域治理体系和县域治理能力之间的协同效应，使得旅游业与县域治理长期处于低级阶段。

2014 年，溧阳经济步入发展新常态，经济增长换挡，从高速增长向中高速增长转变，县域治理中的突出矛盾从数量增长开始转向提质增效、城乡融合。经济增长环境的变化以及县域治理中的主要矛盾的变化，对溧阳县域治理模式提出了新的要求。

面对长期经济高速发展下的深层次矛盾，2016 年，溧阳市在探索县域治理新模式、新路径的过程中，继承并发展了溧阳在撤县设市初期以旅游业为带动的"四大开

---

① 四大开发：即昆仑经济技术开发、斤陵山区综合开发、天目湖风景旅游开发、苏浙皖边界市场开发。

发"模式，再次将旅游业作为县域经济深化改革的突破口，将全域旅游创建与县域治理目标相结合，开启"四大经济"①模式，以"生态创新"为特质、"城乡融合"为目标，推动县域实现城乡经济协合、环境契合、生活龠合、治理匡合的"全域融合"。撤县设市30年，在旅游业和县域治理的创新探索上，溧阳始终走在全国前列，取得了突出的经济、社会、生态成就。2020年，溧阳名列中国社科院县域经济综合竞争力百强县第25位，入选2020胡润中国最具投资潜力区域百强榜。溧阳社会生态也处于全国发展前列，相继获得"国家生态城市""国家卫生城市""国家环境保护模范城市""中国优秀旅游城市""中国最美休闲度假城市""中国长寿之乡""世界长寿之乡""全国文明城市""国家园林城市"等荣誉称号，被生态环境部命名为"绿水青山就是金山银山"实践创新基地。

全域旅游，其实质是一种以旅游业作为重要产业工具的治理模式。通过以旅游业治理创新，为国家治理模式进行探索和示范。改革创新是全域旅游的灵魂和核心，深化改革是国家治理体系和治理能力现代化建设的关键。溧阳通过全域旅游示范区的创建，以县域深化改革为目标，将旅游业发展和县域治理结合起来。溧阳全域旅游示范区创建过程，就是通过旅游业解决县域重点难点问题，推进县域治理现代化的过程。在创建期内，溧阳先后入选全国乡村治理体系建设试点、国家城乡融合发展试验区和江苏省社会主义现代化建设试点，治理创新能力不断提升。

全域旅游就像一条"金扁担"，一头儿挑着"绿水青山"，一头儿挑着"金山银山"。溧阳有意无意地走了30年的旅游发展与县域治理结合的独特实践路径，以全域旅游创建推动县域深化改革，按照习近平总书记引领的方向，系统打通了"绿水青山就是金山银山"的价值转化路径。溧阳在推进县域治理能力现代化的道路上，不断创新和发展。在旅游业作为关键产业的县域治理模式上，从撤县设市之初直接利用旅游的产业作用，将水库变成天目湖的景区模式，把废弃矿山宕口变成燕山公园；在全力推进全域旅游建设中，发挥旅游在县域治理中的产业工具作用，把丘陵山区变成万亩茶园果园，把农村路变成"溧阳1号公路"，把乡村田园变成"网红打卡点"。溧阳从促城乡经济发展，到促城乡经济、社会、文化、生态全面进步、全面融合，走出一条

---

① 四大经济：即先进制造经济、高端休闲经济、现代健康经济、新型智慧经济。

全域旅游统筹县域治理的溧阳之路。

溧阳"生态创新，城乡融合"的全域旅游县域治理思路，是对习近平总书记"两山"理论的探索实践。2020年，是全面建成小康社会和"十三五"规划收官之年，也是"十四五"规划谋划的关键之年。在构建以国内大循环为主体，国内国际双循环相互促进的新发展格局的新历史时期下。在长江经济带快速发展的关键节点，习总书记亲临江苏，提出"争当表率、争做示范、走在前列"的背景下，总结溧阳在全域旅游引领县域治理中，可推广、可示范、可落地的实践经验，对推进国家县域治理体系和治理能力建设现代化建设，具有特殊的历史意义和重要的实践价值。

目 录
CONTENTS

第一章　深化改革背景下的全域
旅游与县域治理

溧阳天目湖

一、全面深化改革与全域旅游

（一）旅游业在世界经济社会发展中的地位

从世界经济发展规律来看，旅游业作为全球最大的经济部门之一，在创造就业岗位、拉动出口、促进世界繁荣，在世界经济社会发展进程中，扮演着举足轻重的角色。17 世纪，旅游产业伴随着工业革命兴起。1993 年，旅游产业在世界经济中发展成为超越石油工业、汽车工业的世界第一大产业[①]。旅游业持续增长壮大，成为世界经济保持高速稳定增长的重要战略性、支柱性、综合性产业。纵观世界旅游业的产生、

[①] 世界旅游理事会（WTTC）年度报告，1993 年.

发展和崛起的历程，旅游业这个新兴产业，是伴随着工业化、全球化和信息化的进程而不断发展壮大的。旅游业是经济社会发展进步的产物，也是经济社会发展进步的标志。

作为重要的现代服务业，旅游产业与生俱来具有与第一、第二产业以及其他第三产业融合的黏性作用，呈现出对多产业实现综合带动的特征。

从旅游业产值统计口径来看，2018 年全球旅游业总值为 8.8 万亿美元，占全球经济活动的 10.4%；全球旅游业增长率为 3.9%，连续八年超过了世界 GDP 的增长率；总就业岗位为 3.19 亿个，占全球总就业岗位的 10%，2013—2018 年，旅游业创造了全球 20% 的新增就业岗位[1]。

从旅游业收入统计口径来看，2018 年全球旅游总人次达 121 亿人次，全球旅游业总收入达 5.34 万亿美元，占世界 GDP 的 6.1%；其中全球国际旅游总人次达到 12.79 亿人次，全球国际旅游收入达到 1.59 万亿美元，全球国内旅游人次达 108.2 亿人次，全球国内旅游收入达 3.76 万亿美元[2]。

旅游业不仅在支持弱势群体等稳定民生方面发挥了不可替代的作用，还在持续促进社会各阶层融合、稳定民生，尤其是通过产业机制优势帮助妇女、青年和其他易被边缘化的社会弱势群体融入主流经济社会中，冲破盖茨比／皮凯蒂陷阱融合（公平与分配），平抑社会两极分化趋势等方面发挥了不可替代的作用，同时也是建立文化交流、增进相互理解的重要工具[3]。旅游业对世界经济和就业的贡献证明了旅游业是政府创造社会经济繁荣的重要工具和力量，旅游业不仅在经济中彰显了巨大的价值，也在社会发展中做了巨大贡献。

（二）旅游业在我国改革开放实践中的地位

改革开放之初，旅游业成为促进中国改革开放的重要工具，摸着石头过河的"排头兵"，不仅在体制改革中发挥了"试验田"作用，还在对外开放中发挥了"窗

---

[1] 世界旅游理事会（WTTC）发布的《2019 各国旅游业对经济的影响和趋势》。
[2] 世界旅游城市联合会（WTCF）发布的《世界旅游经济趋势报告》。
[3] 根据世界旅游理事会主席兼首席执行官 GloriaGuevaraManzo 的发言整理。

口"作用①。中国的改革开放之路是渐进化改革的路子，采取先实验，后总结，再推广的过程，为全国改革开放试路探路。1979年9月，面对中国生产要素固化，体制机制严重制约经济社会发展的问题，改革开放总设计师邓小平同志看到旅游业在对内改革体制机制、对外开放创汇方面的价值，做出"旅游业要变成综合性的行业"的重要判断②，并在黄山发出了"旅游事业大有文章可做，要突出地搞，加快地搞"的号召③，这是对改革开放初期旅游业在改革开放实践中地位和作用的最形象的概括。

旅游业作为中国最早全面实现市场化的产业之一，也是市场活动最为活跃的行业，在经济体制改革、政治体制改革等方面做出了积极的探索，为推动其他行业改革以及全国层面的改革积累了宝贵的经验。例如，在探索吸引外资、弥补改革开放之初建设资金不足的出路上，旅游业走在各行业的前面，先行先试，利用侨资、外资进行旅馆建设；在探索人力资源绩效激励提高员工的主动性、积极性、创造性上，旅游业首先在旅馆、饭店进行试验，突破了计划经济时期按照年龄大小、论资排辈、吃大锅饭的落后制度，将工资待遇和服务品质挂钩；在探索国企收入分配上，旅游业突破计划经济时期国有资产利润全部归国家的制度机制，将国有企业营业利润与员工工作表现相结合，把国有企业营业利润的一部分作为员工绩效奖金，以探索国有企业实际上缴利润增长的新路径。

在中国改革开放的伟大实践中，旅游业从一个"小产业"发展成为具有带动一二三全产业链的"大产业"；从国民经济中作为与国民经济命脉无关的"小产业"，发展成为综合经济贡献和就业贡献双双破10%、主要吸纳弱势群体就业的国计民生"大产业"；从一个受到各项体制机制约束的"小产业"，发展成为具有实现体制机制创新工具功能的"大产业"。旅游业不断繁荣壮大，成为历届政府主动实施经济社会治理机制创新的重要抓手。

1981年，国务院第一次组织召开全国旅游工作会议，明确指出，"旅游事业是一项综合性经济事业，是国民经济的一个组成部分，是关系到国计民生的不可缺少的

---

① 戴学锋. 改革开放40年：旅游业的市场化探索［J］. 旅游学刊，2019（2）.
② 中央文献研究室，国家旅游局. 邓小平论旅游［M］. 北京：中央文献出版社，2000.
③ 同上。

事业"。

1985 年 12 月，国务院第 92 次常务会议决定把"旅游业作为国家重点支持发展的一项事业，正式纳入国民经济和社会发展计划"，这标志着我国旅游业进入了新的发展阶段。旅游业作为经济新增长点，其经济功能和对外开放功能在促进对内改革、促进生产要素流动方面得到了较好的释放。

自 2000 年以来，旅游业发展成为经济增长点、国民经济重要产业、国民经济战略性支柱产业。旅游业作为综合性产业实现跨越式发展，其政治、经济、社会、民生等综合功能得以充分释放。旅游业的增长潜力巨大、发展前景广阔。2001 年，国务院《关于进一步加快旅游业发展的通知》中指出，"树立大旅游观念，充分调动各方面的积极性，进一步发挥旅游业作为国民经济新的增长点的作用"。2006 年，《中国旅游业发展"十一五"规划纲要》明确提出，要把旅游业培育成为国民经济的重要产业。2009 年，国务院《关于加快发展旅游业的意见》中，旅游业被定位为"国民经济的战略性支柱产业和人民群众更加满意的现代服务业"。2014 年，国务院出台了《关于促进旅游业改革发展的若干意见》，这一系列政策措施，将旅游业发展提升到国家战略层面。

（三）全域旅游是以产业推进全面深化改革的重要创举

1. 历史背景

全域旅游是指在一定区域内，以旅游业为优势产业，通过对区域内经济社会资源尤其是旅游资源、相关产业、生态环境、公共服务、体制机制、政策法规、文明素质等进行全方位、系统化的优化提升，实现区域资源有机整合、产业融合发展、社会共建共享，以旅游业带动和促进经济社会协调发展的一种新的区域协调发展理念和模式。全域旅游不是"全域"的旅游，全域旅游是一种以产业为手段，落实中央和国务院全面深化改革任务的一种创新制度安排。

2015 年，全域旅游的提出，是基于对旅游业作为改革开放"试验田"的历史经验总结，针对如何破解制约中国实现高质量发展的体制机制顽疾，在综合评估基础之上，政府主动落实党中央、国务院深化改革精神做出的战略选择，是以产业推进全面深化改革的重要创举。习近平总书记说，"发展全域旅游，路子是对的，要坚持走下去"①。李克强总理从2017—2019年连续三年在政府工作报告中提到全域旅游，提出"发展全域旅游，壮大旅游产业"。

中国的改革之路是渐进式改革之路，由于中国各地区情况不同、产业情况不同，深化改革只能由点及面，从局部开始，再推向全国。自2012年起，中国GDP增速开始持续放缓，逐步开始从高速增长向中高速增长转变，改革开放前期生产要素释放的经济增长红利逐步缩减，改革进入深水区，从生产要素变革开始进入管理要素变革。中国深化改革主要是针对管理体制机制弊端展开的，全面深化改革所产生的管理要素变革红利，将是中国经济高质量发展的重要驱动力。因此，全面深入推进改革开放，找到了管理体制机制问题的症结，就要找准突破口。全域旅游继承并发展了旅游业作为改革开放"试验田"的历史经验，再次承担起以产业推进全面深化改革突破口的艰巨任务。

2. 独特优势

中国改革开放40年的历史发展经验表明，以"区域式试验田"和"产业式试验田"是中国推进改革开放的两路排头兵，以经济特区为样板的"区域式"和以旅游业为样板的"产业式"，这"一横、一纵"网状模式的渐进式改革是中国改革开放的伟大创举。

区域式试验田，是以一定的地理区域作为改革开放的试验区域，通过试验、总结、再推广的流程，从一个区域到另一个区域，再向全国进行推广。而产业式试验田，则是以特定的产业作为改革开放的试验产业，也是通过试验、总结、再推广的流程，从一个产业向其他产业复制。前者是区域横向复制模式，而后者是产业纵向链状辐射模式。前者的试验区域选择多基于空间经济地理逻辑，而后者的试验产业选择则取决于产业的经济特征及经济规律。

全面深化改革的重要途径之一，是选择一个关系全局、具有一定规模、产业特征灵活的产业②。旅游业独特的产业经济特征和规律，使其成为实施改革开放产业试验田的最佳选择。

---

① 2016年7月，习近平总书记在宁夏视察时讲话。
② 戴学锋. 全域旅游：实现旅游引领全面深化改革的重要手段［J］. 旅游学刊，2016（9）.

一是旅游产业发展速度快，较其他产业具有规模优势。从 2014 年起，旅游业对我国经济和就业的贡献率双双超过 10%，超越了教育业、金融业以及汽车产业，在经济上成为国家战略经济发展的重要战场。

二是旅游产业综合带动能力强，较其他产业具有驱动其他产业发展的关键优势。旅游业作为第三产业的龙头产业，成为与第一、第二产业快速融合的现代服务业。

三是旅游业市场化发育程度高，较其他产业内部体制机制的制约因素近乎为零。旅游业是中国改革开放以来最早进行市场化改革的行业之一，也是最快完成市场化改革的行业之一。

四是旅游业是绿色现代服务业，符合绿色发展理念，符合经济社会可持续发展方向。旅游业是践行可持续发展观、"碳达峰、碳中和"、"两山"理论的典型产业。

五是旅游业以小微企业为主，产业特征灵活，船小好掉头，能够快速应对旅游业的发展变化。

六是旅游业涉及领域广，较其他产业会更多受到体制机制的外在制约。

3. 重要意义

2012 年，中国经济发展开始进入换挡期，新的经济阶段对全面深化改革赋予新的任务和要求。2013 年 11 月，具有划时代意义的党的十八届三中全会召开，由习近平总书记亲自主持起草的纲领性文件《全面深化改革若干重大问题的决定》在全会上获得通过。这一具有重大历史意义的文件首次提出了全面深化改革的总目标，完善和发展中国特色社会主义制度，推进国家治理体系和治理能力现代化成为"十三五"及未来一段时间中国政府的核心任务。这一划时代的事件，可以看出党中央发力根据生产力的发展适时调整生产关系，促进经济发展从资源驱动型向创新驱动型转变的决心，标志着中国正式进入全面深化改革的全新历史时期。

与此同时，我国旅游业经过改革开放三十多年的发展，已经进入产业集聚融合发展的新阶段，旅游业已发展成为"软硬兼备、融合度高、覆盖面广、拉动力强"的综合性产业，融合带动作用全面凸显。因此，在全面深化改革、推进国家治理体系和治理能力现代化的新时代背景下，为贯彻习近平总书记关于全面深化改革的决定，在更高目标、更深层次上，推进旅游业和国家治理的实践，2015 年，国家旅游局提出了全域旅游，全域旅游作为国家治理体系和治理能力现代化的重要组成部分，从制度设计上将旅游业发展与国家治理结合起来，从顶层设计上完善了旅游业的治理功能，完善了旅游业支持国家治理体系建设模式。2017 年，国家旅游局推出全域旅游示范区创建工作，促进旅游业和国家治理的创新实践不断发展。

全域旅游是在全面深化改革的新历史时期，继承发展了旅游业在国家改革开放初期的治理工具功能，继续将旅游业同国家治理结合起来，作为深化改革的产业试验田、突破口，充分发挥旅游业在我国全面推进高质量发展、全面深化改革、推进新型城镇化建设，实现乡村振兴、生态文明建设等国家战略实施过程中的支撑作用，以及在促进人的发展、满足民生需求、促进文化繁荣、平衡区域发展、保护生态环境和提升国家形象中的带动作用，以全域旅游实践助力中国特色社会主义事业的发展和中华民族的伟大复兴提供现实经验积累。

旅游业能够成为国家治理的重要产业工具，得益于其特有的产业特征，即渠道型特征。由于旅游业具备了渠道型的特征，才使得旅游业能够产生产业带动效应。这是由于旅游业能够突破自身产业链的限制，跨行业与地产、金融、养老、文化、农业、高科技、教育、创客等多种业态融合在一起，形成庞大的旅游产业综合体系，充分发挥旅游产品的增值效应。旅游业为这些行业提供了市场、品牌、销售及渠道，并通过传导消费者对高品质产品的需求，从而反向带动这些行业从规模扩张走向高质量发展。

全域旅游从国家治理的高度，充分发挥旅游业在深化改革中的产业工具作用。充分发挥旅游业关联度大、涉及面广、带动力强的作用，为提升国家经济产业的综合实力提供产业治理工具；充分发挥旅游业的文化载体作用，为促进国民精神文化享受、文明素质提升提供产业治理工具；充分发挥旅游业在环境保护方面的可持续作用，为"绿水青山到金山银山"的有机转化提供产业治理工具；充分发挥旅游业在惠民生方面的重要作用，为国家社会安定提供产业治理工具。

（四）旅游业在全面深化改革中取得巨大成绩

在我国经济高质量发展的背景下，旅游业扮演着举足轻重的角色。旅游业在持续促进国内经济增长和创造就业机会，在通过拉动国内旅游业增长带动国际旅游业增长方面发挥着巨大作用。截至 2018 年，从广义旅游业的统计口径来看，当年中国旅游业 GDP 为 1.51 万亿美元，占中国 GDP 的比重为 11%，旅游业 GDP 增长率为 7.3%，就业人数为 7991 万人，占全国总就业人数的 10.3%。旅游业投资 1615 亿美元 [1]。从狭义旅游业的统计口径来看，2019 年，国内旅游市场和出境旅游市场稳步增长，入境旅游市场基础更加牢固。全年国内旅游人数为 60.06 亿人次，入境旅游人数为 14531 万人次；出境旅游人数为 15463 万人次，全年实现旅游总收入 6.63 万亿元 [2]。

在旅游业发展方面，改革开放以来，我国入境旅游从 1978 年的 180.92 万人次，增加到 2019 年的 14531 万人次，增长 79.3 倍，年均增长 193%。国际旅游收入从 2.63 亿美元增加到 1313 亿美元，增长 498 倍，年均增幅达到 1215%。我国国内旅游从 1984 年的约 2 亿人次到 2019 年的 60.06 亿人次，增长了 29 倍。2019 年我国内地公民年出境旅游达 1.55 亿人次。

在社会成效方面，改革开放以来，旅游业直接就业人数从 1978 年的 45 万人上升到 2019 年的 2825 万人，翻了近 62 番。与此同时，从我国改革开放以来的产业格局变化来看，我国旅游业从改革开放伊始的"小产业"，发展到 2014 年对我国经济的献率超过 10%，超越了教育业、金融业以及汽车产业，在经济上成为国家战略经济发展的重要战场。2019 年，旅游业对 GDP 的综合贡献为 10.94 万亿元，占 GDP 总量的 11.05%。

在助力国家战略落地方面，2018 年，乡村振兴战略开始实施，旅游业服务国家乡村振兴战略，在促进乡村经济发展、增加就业、扶贫助民等方面取得显著成效，带动餐饮住宿、农产品加工、交通运输、建筑和文化等关联产业发展，农民实现就地就近就业。2019 年，乡村休闲旅游接待游客 32 亿人次，占总旅游人次的 53%，乡村旅游总收入 1.81 万亿元，占全国旅游业总营业收入的 27.3%，直接带动吸纳就业人数 1200 万人次，带动受益农户 800 多万户。2021 年 2 月，国家乡村振兴局正式挂牌，旅游业继续成为乡村振兴的重要抓手。

---

[1] 世界旅游理事会（WTTC）发布的《2019 各国旅游业对经济的影响和趋势》。
[2] 《中华人民共和国文化和旅游部 2019 年文化和旅游发展统计公报》。

二、全域旅游示范区验收的核心是县域

全域旅游示范区创建验收的核心是县域，这是由县域在推进国家全面深化改革与国家治理体系和治理能力现代化中的重要地位决定的，是由县域在国民经济社会发展中的基础地位决定的，是由全域旅游创建与县域经济社会可持续发展方向的契合度决定的。

（一）县域是推进全面深化改革与国家治理能力现代化的基础

国家治理体系和治理能力现代化，是习近平总书记在县域治理、区域治理以及国家治理实践基础上的总结升华，是具有全局性、系统性的国家治理制度顶层设计。党的十八大以来，习近平总书记曾多次就"全面深化改革与推进国家治理体系和治理能力现代化建设的关系"发表重要论述，党的十八届三中全会提出的全面深化改革的总目标，就是完善和发展中国特色社会主义制度、推进国家治理体系和治理能力现代化。党的十九届四中全会通过系统研究国家治理体系和治理能力现代化的若干重大问题，并将国家治理体系和治理能力现代化具体化。所谓"治理体系和治理能力现代化"，就是将制度优势转化为治理效能的现代化能力不断获取并逐渐强化的过程。习近平总书记指出，"国家治理体系和治理能力是一个国家的制度和制度执行能力的集中体现。推进国家治理体系和治理能力现代化，必须完整理解和把握全面深化改革的总目标"，"在推进国家治理体系和治理能力现代化过程中，县域治理是推进国家治理体系和治理能力现代化的重要一环"，"县一级工作好坏，关系国家的兴衰安危"，"在我们党的组织结构和国家政权结构中，县一级处在承上启下的关键环节，是发展经济、保障民生、维护稳定、促进国家长治久安的重要基础"。国家治理体系和治理能力现代化建设是建立在县域治理实践基础之上，又反过来指导县域治理实践。县域治理是国家治理的基础和重要环节，国家治理体系和治理能力现代化建设能否取得成效，关键在于县域治理。

县域是推进国家治理现代化的关键，县治则国治，县强则国强，县稳则国稳。县域的治理在国家治理体系中处于重要的地位，抓住了县这一级，就等于抓住了社会治

理的关键部位，等于"抓住了牛鼻子"，县域则成为国家治理体系和治理能力现代化的重点和突破口 ①。

（二）县域是决定中国能否成为社会主义现代化强国的关键

"小康不小康，关键看老乡。"郡县治则天下安。县域在推进中国迈向富强、民主、文明、和谐、美丽的社会主义现代化强国、实现中华民族伟大复兴的过程中起着重要的作用。中国要强，县域必须强；中国要美，县域必须美；中国要富，县域必须富。

首先，县域具有丰富的资源要素，是中国经济社会可持续发展的潜力所在。我国总计 2800 多个县级行政单位，县域占了中国国土面积的 89%、户籍人口的 70%，除了个别地区外，每个县少则拥有几十万人口，多则拥有上百万人口，不仅拥有丰富的土地资源要素、人力资源要素等供给要素，并具有巨大的消费潜力和广阔的消费市场，是推动中国整体实现供给侧改革、高质量发展的重要战场，是国家治理的基础和重心。

其次，县域集聚了中国最基层的普通收入群众，是中国民生问题最集中、最复杂的地区。基础不牢，地动山摇，县域的人民群众生活好了，党和国家经济社会发展全局就有了坚实的基础。普通百姓能够收获生产生活现代化带来的幸福感，与中国能否实现社会主义现代化强国之梦紧密相关。

最后，县域是处理城乡关系的主战场。城乡关系是当前中国深化改革开放的核心重点、难点之一，而县域是解决城乡关系问题的关键区域。县域在全方位破除城乡二元化结构，促使城乡关系从分割到统筹，从城乡一体化到城乡融合，从构建城乡融合发展体制机制，到实现社会主义现代化、建成富强民主文明和谐美丽的社会主义现代化强国等方面处于我国深化改革实践的前沿阵地。

总之，推进国家治理体系和治理能力现代化，是一场国家治理领域的革命，而县域治理则是治理的基础和重点。只有把基础筑牢，富民强县，才能从根本上实现国家

---

① 阎国文，阎若思. 县域治理是国家治理的基础和重点——学习习近平总书记关于县域治理的重要论述 [J]. 廉政文化研究，2019，10（4）：38-45.

的长治久安。

（三）县域是以全域旅游推进治理能力现代化的最佳试验田

中国改革开放伟大实践的基本经验之一，就是将基层创新和顶层设计相结合的改革模式，即通过"自下而上"的方式为顶层设计提供创新实践基础，同时通过"自上而下"的方式将实践经验标准化，为指导实践服务。中国的许多重大改革都是首先发端于基层创新，通过先行探索、试点试验和经验总结的方式将基层创新与顶层设计有效衔接起来，经过这一完整的试验流程成功后，再将创新成果在全国范围内推广实施。全域旅游是以产业带动为方式、方法、工具，推进县域治理体系和能力的现代化建设。同时，县域则是以全域旅游为抓手推进我国治理体系和治理能力现代化的最佳试验田。全域旅游作为县域治理重要抓手的核心在于，依托旅游业的产业黏性，以旅游产业带动一二三产业深度融合，带动经济、社会、生态协同发展，将国家推进深化改革与治理能力现代化的顶层设计与县域基层治理创新实践上下有效衔接。而县域是以全域旅游推进治理能力现代化的最佳试验田。

首先，全域旅游与县域经济社会可持续发展方向高度契合。全域旅游制度设计的目标是以旅游业为优势产业，对区域内经济社会资源尤其是旅游资源、相关产业、生态环境、公共服务、体制机制、政策法规、文明素质等进行全方位、系统化的优化提升，实现区域资源有机整合、产业融合发展、社会共建共享，进而实现经济社会协调发展，符合县域经济社会可持续发展的目标。

其次，县域具有足够的产业空间、生产要素空间与消费市场空间。"麻雀虽小，五脏俱全"，县域具有作为以旅游业为产业工具推动深化改革与治理能力现代化试验田的综合经济社会环境。

最后，县域治理体制是党政一体，处于基层创新的最前沿，最具有战斗力和执行力。习近平同志指出，县委是县域治理的"一线指挥部"，县委书记是"一线总指挥"，县委、县政府说话是"算数的"[①]。县域党政一体的治理体制为以全域旅游为抓手推动县域深化改革提供了执行力最强的体制机制基础。

---

① 习近平. 知之深爱之切 [M]. 石家庄：河北人民出版社，2015.

此外，县域处于中国深化改革问题的最前沿，能够为充分验证各类问题提供充足样本量。当前，我国社会主要矛盾已经转化为人民日益增长的美好生活需要和不平衡不充分的发展之间的矛盾，这种不平衡不充分在县域表现得尤为突出，全域旅游创建以县域为重点，能够开展最有效率最直接的深化改革试验。同时，由于我国县级单位数量众多，因此，全域旅游在县域试点改革的试验成果具有非常强的可复制、可推广性，受益示范效应广。

习近平同志早在正定县任职县委书记期间，就坚持以改革创新的思维推进县域治理工作，是我国以旅游业推进县域治理体系建设创新的开拓者和实践者。习近平同志在正定县域治理中，积极发挥旅游业的产业工具作用，在经济建设上率先推行"大包干"，发展"半城郊型"经济；在政治建设上提出"创先争优"，真刀真枪从严管党治党；在发展思路上提出旅游兴县，用足用活文化资源；在生态建设上提出"宁可不要钱，也不要污染"，实现可持续发展等；在发展后劲上提出"念好人才经，开拓翻番路"。在习近平同志的治理改革下，经过三年的改革创新，正定县实现了显著的经济、社会、环境发展成效，经济发展和人民生活水平有了大幅度提高，贫困问题得到解决。1984年，全县10项经济指标创历史最高水平，工农业总产值达到38650多万元，比1980年翻了一番，农村人均收入达到478元[1]。

三、当前县域治理中面临的核心问题、具体表现及成因

（一）城乡融合是当前县域治理核心

自2003年以来，在中央一系列改革措施和强农、惠农、富农政策的推进下，城乡关系从分割转向统筹，城乡关系开始向一体化和融合方向发展，虽然城乡差距已出现逐步缩小的态势，但至今仍维持在较高水平，当前城乡关系仍然是制约我国发展的关键因素。城乡融合是县域发展的重要方向，也是国家治理体系和治理能力现代化建设的重点，而县域正处于城乡融合问题和矛盾的最前沿，县域是解决城乡融合问题的主要战场，因此，这就要求县域把城乡融合发展作为县域治理的重点和核心问题抓好抓牢。

---

[1] 习近平. 知之深爱之切［M］. 石家庄：河北人民出版社，2015.

促进城乡融合、实现县域可持续发展成为当前我国县域治理中的重点和核心，这是由于长期以来城乡二元结构造成的城乡分割所导致的。中华人民共和国成立之初，由于国家经济基础薄弱，实行农业支持工业、农村支持城市发展的二元化发展格局，从 1985 年开始，随着国家体制改革的重点从农村转向城市，国家政策也长期侧重城市，对农村地区采取一种计划调拨的发展模式，即将农业、农村的大量资源通过行政配置的方式以极低的价格配给到工业、城市中，农业农村发展没有得到足够重视，导致农村基础设施和公共服务严重滞后，农民收入增长缓慢，城乡差距在一段时间内甚至呈扩大趋势[1]。

本质上，城乡二元化结构导致的城乡融合问题，直接制约着乡村振兴以及城乡可持续发展。解铃还须系铃人，改革开放 40 年的巨大成就表明，只有依靠主动型政府，实现不断的改革创新，破除体制机制中的阻碍市场机制正常发挥作用的障碍，依靠市场的力量进行城乡资源配置，才是实现城乡融合、县域可持续发展的关键。

（二）城乡融合问题具体表现

城强乡弱是城乡融合问题的具体表现。其中乡弱是城乡融合的核心，具体来看，表现在生产、生态、生活三个方面。如图 1-1 所示。

城乡融合难题的具体表现
城强乡弱

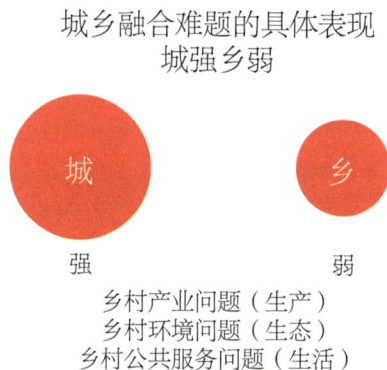

强　　　　　弱
乡村产业问题（生产）
乡村环境问题（生态）
乡村公共服务问题（生活）

图 1-1　城乡融合问题的根源

1. 乡村产业问题

从产业资源来看，乡村产业基础薄弱，要素市场发育严重滞后，土地制度改革滞

---

① 魏后凯主编. 中国农村改革 40 年 [M]. 经济管理出版社，2019.

后，缺乏市场化流转机制。农村宅基地等存量资产资源未得到充分利用和有效发挥，乡村存在发展空间大和发展难度大二者并存的问题；从现有产业发展情况来看，乡村产业粗放发展，低质低效。以农业产业为例，乡村作为国家粮食生产的来源地区，全国居民口粮的生产地区，为实现粮食安全，我国长期采取增产导向型政策[1]，这带来两个问题。一是依靠化学农业支撑产量增长，乡村土地面临污染问题突出。二是农业生产及供需交易的结构性问题突出。缺乏优质优价的价格引导机制导致优质产品缺乏，与城乡居民消费结构多元化的趋势不匹配；从产业结构来看，乡村产业结构单一、不合理，以农业为主、工业为辅，生产性、生活性服务业发展长期不足。这种不合理的产业结构无法形成产业间互助发展的合力，也无法吸引资本、人力等资源要素的进入。

2. 乡村环境问题

从生态资源环境保护和利用来看，由于环境保护和利用需要资源要素的支持，城乡在资源分配上的差距，导致其在生态环境保护和利用上差距明显。这就造成了乡村不仅缺乏对山水林田湖草等自然环境的保护，也缺乏对乡村景观风貌的保护和修复，呈现脏乱差、破败的景象。

3. 乡村公共服务问题

从社会发展状态来看，乡村基础设施建设长期落后于城市，农民的主体地位未得到充分发挥，农民可获得农村公共产品显著低于城市居民，不仅不能平等地分享城镇化带来的土地增值收益，还对集体经济的权益和权力得不到充分保障。

（三）城乡融合问题存在的根源

改革开放特别是党的十八大以来，我国在统筹城乡发展、推进新型城镇化建设方面取得了突出的进展。但是城乡要素流动不顺畅、公共资源配置不合理等问题仍然突出。城乡融合问题的根源，从表面上看是生产要素由乡村到城市单一方向流动，本质上是县域治理体系和治理能力无法适应县域经济社会发展方向，无法满足县域经济社会发展的需求，以及乡村治理体系缺位。

---

① 魏后凯. 中国农业发展的结构性矛盾及其政策转型 [J]. 中国农村经济，2017（5）.

首先，过去以行政主导资源配置，以乡村支持城市发展的模式，是导致城乡问题的重要历史原因。在过去很长一段时间内，由行政主导资源配置，资源要素由乡村到城市单方向汇聚，以支持城市的发展，从而导致城乡资源差距拉大，加之以城市为优势的马太效应发挥作用，进一步促使资源要素流出乡村、流向城市。从城乡发展的动态过程看到，资源要素大多从乡村到城市单向流动，没有形成资源双向流动的体制机制。

其次，在城乡进一步发展过程中，新资源要素以城市为中心聚集，传统城乡发展不均的基础上又造成城乡发展新的不均衡。具体来看，既有资源要素，如人力资源要素、资金要素等，呈现从乡村到城市单一流动；又有以技术为代表的新资源要素，从城市发展并以城市为中心集聚，外溢性较弱（见图1-2）。

城乡融合问题的根源

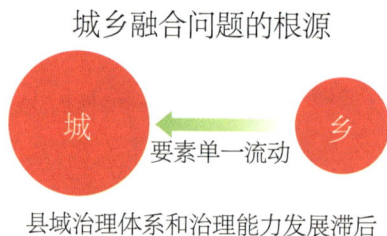

图 1-2　城乡融合问题的根源

本质上，县域治理体系和治理能力发展滞后，影响城乡融合发展的体制机制障碍依然存在。

改革开放40多年，我国经济社会飞速发展，生产力取得了巨大进步，但由于生产关系没有跟上经济发展的步伐，调整不充分，直接导致了经济长期高速增长过程中积累的一系列深层次矛盾没有得到有效释放，反而不断积聚增强。这一问题已经不仅仅是经济层面的问题，还需要在更多领域、更深层次上冲破利益固化的藩篱。在上述国家宏观经济社会发展背景下，县域作为我国经济社会的重要基础区域，也面临同样的问题，即我国县域治理体系和治理能力无法适应县域经济社会发展方向，无法满足县域经济社会发展的需求。具体表现为：在对问题的认识上，缺乏对县域问题的全局性、系统性的认识和理解；在问题的解决上，多存在"头痛医头、脚痛医脚"的情况，缺乏统筹解决问题的能力。因此，亟须推进县域治理体系和治理能力现代化建设。未来我国县域经济社会发展的重要特征是高质量、优结构、多维融合、生态友好。这就需要在县域治理体系和治理能力建设中，加强治理中的统筹、协同能力，统筹城市与乡村、统筹经济、社会与生态，使县域治理体系和治理能力跟上经济发展的步伐，更好地服务于经济的发展。

（四）城乡融合问题解决路径

推进县域治理体系和治理能力现代化建设，就需要深化改革，需要产业工具抓手。能够同时解决上述问题，旅游业就是这一产业工具抓手。

1. 乡村壮大，实现乡村振兴

实现城乡融合的第一步，是要改变城市强乡村弱的二元状态，推动乡村振兴，缩小城乡之间的差距。

中国特色社会主义乡村振兴道路怎么走？2017年中央农村工作会议提出了七条"之路"：必须重塑城乡关系，走城乡融合发展之路；必须巩固和完善农村基本经营制度，走共同富裕之路；必须深化农业供给侧结构性改革，走质量兴农之路；必须坚持人与自然和谐共生，走乡村绿色发展之路；必须传承发展提升农耕文明，走乡村文化兴盛之路；必须创新乡村治理体系，走乡村善治之路；必须打好精准脱贫攻坚战，走中国特色减贫之路。

关于城乡融合和乡村振兴之间的关系，2018年《中共中央国务院关于实施乡村振兴战略的意见》指出，坚持农业农村优先发展，按照产业兴旺、生态宜居、乡风文明、治理有效、生活富裕的总要求，建立健全城乡融合发展体制机制和政策体系，统筹推进农村经济建设、政治建设、文化建设、社会建设、生态文明建设和党的建设，加快推进乡村治理体系和治理能力现代化，加快推进农业农村现代化，走中国特色社会主义乡村振兴道路，让农业成为有奔头的产业，让农民成为有吸引力的职业，让农村成为安居乐业的美丽家园。

在深化农业供给侧改革方面，旅游业以其独特的渠道特征，倒逼农业供给质量提升，满足消费者需求，助力质量兴农；在人与自然和谐共生方面，旅游业作为转化"绿水青山"为"金山银山"的重要产业，促进乡村实现绿色发展；在传承发展农耕文明方面，旅游业作为文化的载体，能够活化乡村文化，促进乡村文化兴盛；在创新乡村治理体系方面，旅游业以其融合的产业特质，可以作为乡村治理体系改革的试验田，促进乡村善治的实现；在脱贫扶困方面，旅游业是重要的富农产业，能够为社会弱势提供大量就业机会，助力脱贫攻坚。

2. 建立适合经济发展方向的体制机制，形成要素双向流动的机制

旅游业作为深化改革的试验田，能够助力探索适合经济发展方向的体制机制，促进要素在城乡间双向流动。

我国 40 多年来改革开放的经验表明，推动资源要素在更大范围优化配置是城乡发展的不竭动力。20 世纪 80 年代，土地承包到户激发了农民的生产积极性，推动了农户的分工分业，实现了农村范围内资源的流动，促进了农村内资源配置的优化，推动了农村经济的高速发展。20 世纪 90 年代，社会主义市场经济体制的确立推动了城市改革，为大量农村劳动力进城务工经商带来便利，让农村劳动力在城乡之间实现了优化配置，使原本割裂的城乡要素市场，开始呈现从乡村到城市的单一流动状态。使资源要素突破城乡的限制，开启从乡村到城市的流动，促进了资源要素突破既有范围的限制，向更大范围扩展。进入 21 世纪，经济社会面临更高层次、更深领域发展的需要，亟待深化改革，彻底破除资源要素在城乡之间双向流动的障碍，进一步促进城乡之间资源要素的优化配置，是城乡融合的内在要求，也是全面推进县域治理能力现代化的关键。

2018 年 1 月，习近平总书记在中共中央政治局第三次集体学习时明确将乡村振兴置于"积极推动城乡区域协调发展，优化现代化经济体系的空间布局"的高度，强调要"突出抓好"。乡村振兴是一盘大棋，要把这盘大棋走好，讲究的是充分观局谋势、通盘考量。乡村振兴的成功实施，并不能只靠发展农村，更需要站在城乡区域协调发展的高度精准把握。2017 年，中共十九大明确提出建立健全城乡融合发展的体制机制和政策体系，并将"重塑城乡关系，走城乡融合之路"作为中国实现可持续高质量发展、人民实现共同富裕、中华民族实现伟大复兴的必然之路。要促进城乡融合，就必须向改革要动力，必须从根本上消除影响城乡融合发展的体制机制障碍，必须重塑新型城乡关系。实现城乡融合的根本，在于促进县域治理体系和治理能力现代化，完善乡村治理体系，改变资源要素从乡村到城市的单向流动格局，实现资源要素在城乡之间双向流动。

2021 年 2 月，国家乡村振兴局在北京市朝阳区太阳宫北街 1 号正式挂牌，"国务院扶贫开发领导小组办公室"的牌子此前已经摘下。国家乡村振兴局由"国务院扶贫开发领导小组办公室"整体改组而来，为国务院直属机构。新机构的人员编制、内设机构及行政关系，与国务院扶贫办基本一致，国家乡村振兴局成为农业农村部代管的国家局，这标志着乡村振兴工作提到一个更高级别。

四、全域旅游示范区创建是统筹县域经济社会发展的重要抓手

全域旅游是以旅游业作为产业依托与产业带动，社会经济深化改革的重要抓手。全域旅游在产业供给、促进产业间畅通、就业创造、扶持小微、打通管理体制机制、实现治理规范化、综合化、效益化等方面发挥着重大的作用。全域旅游旨在服务国家深化改革的战略目标，在助力国家多项战略目标中，尤其在促进城乡融合发展上有着极高的契合度。全域旅游与城乡融合的发展理念、发展方向、发展目标、发展路径等方面具有高度的一致性。以全域旅游为抓手，推进县域治理体系和治理能力现代化建设，促进县域经济社会走向城乡融合，是全域旅游的内在要求和深化改革的必然方向。实施全域旅游战略主要目标在于服务国家全面深化改革的国家战略，是国家治理体系和治理能力现代化建设的重要部分。以旅游业为试验田的改革创新，有助于促进县域经济社会发展的体制机制改革创新，完善县域发展的现代治理体系，为城乡融合、乡村振兴奠定良好的制度基础和治理格局。

城乡融合发展，要求坚决破除妨碍城乡要素自由流动和平等交换的体制机制壁垒，使市场在资源配置中起决定性作用，更好发挥政府作用，促进各类要素更多向乡村流动，在城乡之间形成要素双向流动的体制机制，形成人才、土地、资金、产业、信息汇聚的良性循环，形成城乡互补、全面融合、共同繁荣的城乡关系，为推进县域发展进程注入新动能。

全域旅游的核心在于通过一定区域范围内，以改革创新为核心，调整改革所有不适应旅游业发展的法律法规和体制机制，形成新的发展理念和模式。在城乡融合乡村振兴过程中，发展全域旅游，强调推动该地区旅游发展体制机制创新，强调财政投入

政策、投融资政策、土地政策和旅游人才与教育等方面的改革创新。全域旅游为县域治理提供以旅游业为核心带动的一整套产业动力机制，打破阻碍产业间融合发展的堵点，畅通县域经济发展循环，推动旅游与相关产业的融合发展，衍生出多样化、多层次化的综合性产业体系。

（一）全域旅游助力产业振兴

产业是乡村振兴的重要基础，产业是乡村振兴、实现内生致富的可持续动力源泉。产业空心化以及产业衰落是现阶段乡村振兴面临的首要问题，而且是最关键的问题。因此，要在乡村地区搭建怎样的一整套产业体系，才能激活乡村产业活力，提升乡村产业的综合产业竞争力，才能使乡村致富具有内生动力和可持续性，是乡村振兴成功与否的关键所在。

旅游业具有产业带动能力强、就业内生驱动力强，是符合经济可持续发展的现代化朝阳产业，具有层次丰富、类型多样、方式灵活、前景广阔的特点。改革开放以来，旅游业发展迅速，产业在 GDP 中的占比不断扩大，影响力大大提升。特别是在2015 年全域旅游建设开启以来，旅游业发挥其综合性现代产业的独特优势，对相关产业贡献和带动能力大幅提升。旅游发展进入了全新时代，旅游业带动从最开始的由点到线，从旅游景点到旅游产业，发展到全域旅游时代，由线到面，从旅游产业自身增长到促进一地区的高质量可持续发展。

1. 第一层次

全域旅游带动乡村产业振兴的第一个层次，由点到线，通过大力发展全域旅游，从原来的以旅游景点带动型，向旅游产业带动型转变。即在乡村经济振兴中，通过发展全域旅游，对乡村全域旅游资源实施整合，以旅游为抓手和主线，通过特色化、旅游化、景观化改造提升，将乡村中的自然资源、农业资源、乡村景观、农房建筑、特色民俗文化、乡村生活等多样资源有机串联起来，将传统乡村资源改造提升为旅游产品，将乡村传统的餐饮、购物、交通、娱乐、商业等服务提升为旅游产业服务项目，变乡村为旅游景点，变乡村业态为旅游产业。

2. 第二层次

全域旅游带动乡村经济振兴的第二个层次，由线到面，通过大力发展全域旅游，从旅游产业自身发展上升为与其他产业有机融合、共同增长。在众多产业中，旅游业的产业融合系数较高，产业融合能力强，已发展成为"房地产式"的综合拉动型产业，从交通到基础设施，再到各种服务的全面提升。旅游产业作为消费渠道带动型和消费需求带动型行业，为乡村第一产业、第二产业以及其他第三产业的发展提供产业需求出口，即为乡村的特色农林牧副渔业等产品、特色旅游工业产品、农家乐、特色民俗、娱乐文化、交通运输等服务提供销售通道。扩大产业融合与拉动覆盖面，从原来单纯的第三产业拉动型，向第一、第二、第三产业协同拉动型发展。以旅游业为抓手，发挥其产业乘数效应，与乡村其他产业融合，活化乡村资源，带动乡村各相关产业发展，丰富与优化乡村产业体系，提升乡村自然资源、人文资源、社会资源等资源要素在产业间的流动性和流通速度，从旅游产业自身发展上升为与其他产业有机融合、共同增长。实现乡村资源综合利用，在增加现有资源经济附加值的基础之上，激发乡村内生经济动力，推动乡村经济走上可持续发展的良性道路。

3. 第三层次

全域旅游带动乡村经济振兴的第三个层次，由局部到整体，从乡村、县域的小范围深化改革到大区域整体改革振兴。旅游业为社会改造、试点到区域的示范效能提供动力，通过大力发展全域旅游，为促进深化改革从乡村、县域到大区域提供动力支持，扩大乡村产业改革示范效能，扩大人们的视野，影响人们对社会和国家全局的认知。

全域旅游助推乡村振兴，将乡村基础设施建设与城乡融合发展统筹起来，通过完善乡村交通路网，积极改善停车场、旅游标识、垃圾处理等配套设施，景区景点与村庄之间的交通网络相互融合。通过旧房改造、村内道路改造、新农田建设，一方面，改善了住宿环境，推进乡村生活设施的完善；另一方面，建设一批具有鲜明特色、业态集中、服务完善的商业街区，推动乡村景区配套设施建设。恢复往日集镇聚集的场景，配合数字经济的发展，运用"互联网＋"的模式，全面提升全域旅游的品质和服务水平，并且乡村不再是简单的旅游目的地，更是城乡居民舒适生活、安居乐业的目的地。

（二）全域旅游助推宜居乡村

习近平总书记指出，绿水青山就是金山银山，贯彻创新、协调、绿色、开放、共享的新发展理念，加快形成节约资源和保护环境的空间格局、产业结构、生产方式、生活方式，给自然生态留下休养生息的时间和空间。这就需要实现生产方式和生活方式的绿色转型。乡村生态宜居主要涉及两个层面的内容：一是生态环境，二是乡村公共服务整体提升。因此，产业结构和生产方式是助推乡村实现生态宜居的重要内容，在保护好生态环境的前提下，合理选择适合当地发展的产业，且生产方式友好，公共服务充分，则显得尤为重要。

"两山"理论和"创新、协调、绿色、开放、共享"的发展理念是全域旅游助推乡村生态宜居过程中贯彻的核心理念。发展绿色产业是经济社会发展全面绿色转型的重要基石。全域旅游发展理念与实现乡村振兴的生态宜居目标紧密契合。全域旅游正是带动乡村实现生态宜居，实践习总书记"两山"理论的重要抓手。全域旅游的一个关键目标就是通过旅游业这种产业带动的方式，打造一个良性的经济——生态自循环机制，实现绿色发展。一方面，全域旅游促进了乡村的生态环境的复原，带动了整体乡村公共服务的提升，实现旅游产业发展，带动环境优化；另一方面，乡村环境的优化反过来又作为旅游业的重要投入要素，促进旅游业持续、高质量发展，形成旅游发展和乡村环境美化、生态宜居的良性循环。

旅游产业是典型的绿色产业，全域旅游强调生态保护、绿色发展。全域旅游是乡村经济社会发展全面绿色转型的重要引擎。以全域旅游为抓手，带动乡村生产生活实现绿色转型，是实现乡村生态宜居的有效手段和重要保障。全域旅游的发展，助力乡村践行绿色生活方式、推动乡村产业实现绿色消费，以绿色消费带动绿色供给，从而带动整个乡村生态环境的提升，打造美丽乡村、诗意田园。

旅游产业是典型的需求带动型产业，具有开放性和综合性的特征。全域旅游强调主客共享的公共服务建设，引领乡村整体公共服务水平的提升，缩小城乡之间的公共服务差距，促进城乡融合发展。全域旅游的发展，有助于推动形成宜游、宜居、宜业的高品质生活环境，有助于完善乡村公共服务和基础设施建设，有助于充分建设生态宜居新空间，有助于构建人与自然和谐共生的乡村发展新格局。

（三）全域旅游助推富民增收

消除贫困是世界性的课题，是中国全面建成小康社会的必然要求，是中国社会主义建设所要达到的重要目标，也是中国经济社会实现稳定发展、长盛不衰的重要保证。旅游业作为完善的低收入群体收入持续增长的长效机制，在为乡村贫困人口增加低门槛增收渠道、增进贫困人口增收信心、助力乡村脱贫、巩固脱贫成果、促进城乡收入持续改善等方面具有重大的意义。

通过大力发展全域旅游，以旅游业为核心带动下的综合性产业作为乡村扶贫助困的有效手段，帮助贫困人口实现经济上的脱贫和精神上的扶贫，实现贫困人口在经济上和精神上的"双脱贫"。在经济上，可以给贫困人口带来低就业门槛的岗位、低创业门槛的创业机会，以及额外取得资本性收益的产业机制保障，帮助贫困人口实现迅速脱贫、降低返贫概率，充分享受全域旅游为乡村发展带来的深化改革红利；在精神上，全域旅游创造的家门口低门槛增收渠道，可以让贫困人口增加梦想的机会以及增添实现梦想的勇气，赋予贫困人口寻求改变的主动精神，从精神上激发贫困人口脱贫的内生精神动力。

在乡村扶贫攻坚的手段中，有交通扶贫、科技扶贫、教育扶贫、文化扶贫、救济扶贫等多种形式，这些扶贫形式，由于没有产业依托，不具有黏性，因而无法形成合力，存在脱贫不彻底甚至出现返贫的情况。与其他扶贫方式相比，全域旅游扶贫具有更强大的市场优势、更强劲的造血功能和带动作用，扶贫效果更明显，是实现乡村快速脱贫、降低返贫率的重要手段。旅游业能够更紧密地与百姓、贫困村民联系在一起，通过"乡村旅游示范点 + 贫困户""旅游企业 + 贫困户""专业合作社 + 贫困户"的模式，积极鼓励村民大力发展和投身旅游业，共享旅游业发展带来的红利。

旅游业作为一种重要的现代服务业，是广泛吸纳乡村普通人民群众就业的重要产业工具，已成为推动传统乡村经济转型升级、促进贫困人口走上脱贫致富道路的新动能。以全域旅游为抓手，通过三种组合增收模式，促进乡村贫困户实现持久脱贫。一是增加低门槛就业机会，获得稳定的工资性收入。全域旅游通过"旅游 +"创造出一批符合现代人消费需求的乡村特色新业态，如乡村度假游、乡村生态游、乡村游学游、乡村自驾游、乡村体验游、乡村观光游等，需求引领供给，供给创造需求，吸引了大批社会资本和项目落地，为本地村民创造了更多的就业机会，使村民获得稳定的工资性收入。二是增加低门槛创业机会，获得服务产品及商品产品等经营性收益。全域旅游帮助越来越多的乡村贫困户主动参与到旅游发展中，通过提供乡村民宿、农家乐、农家餐饮等服务获取收益或出售特色农产品来增加终端销售收益，获得农产品销售溢价。三是增加个人占有生产性资源的流动性，增加资本性收入。全域旅游带来的旅游消费型需求和投资型需求促进了乡村贫困户个人农村资产的增值，通过转包、出租、互换、转让、入股等方式提高了个人所占有的土地、房屋等生产性资源的流动效率，获得乡村资产的资本性收入和农村集体经济组织分红收入。

（四）全域旅游激活乡村文化

乡村振兴，既要发展产业、壮大经济，更要激活文化、提振精神。传承和发扬好乡村文化，让乡村文化更有生命力，才能为乡村振兴注入源源不断的精神动力。

全域旅游通过活化乡村文化，让乡村文化焕发生机的同时，为补齐农村基本公共文化服务短板提供了可持续的乡村产业经济基础。乡村振兴，离不开文化与生活的融合，除了物质生活，乡风乡俗、家规家训、村规民约，都是乡土环境孕育的乡村文化。依托"文化下乡、农家书屋、文化大院"等旅游文化载体，让本土乡村文化根深叶茂。

全域旅游在促进乡村传统文化焕发生命力的同时，也是推动形成新文明的有效通道，有助于建设生态宜居的新空间，有助于保持乡村的自然风貌和生产生活方式，有助于提升乡村生态环境和乡村景观，构建人与自然和谐共生的乡村发展新格局。随着越来越多居民参与旅游产业活动，促进了居民认知、观念、生活方式的转变和提升，新的乡村文明也随之形成。

（五）促进土地要素合理流动

土地要素是城乡融合发展的重要生产要素。同时，土地供给也是制约全域旅游发展的最大的瓶颈之一。旅游作为灵活好掉头的产业，作为探索土地要素市场化的重要产业工具，鼓励旅游业发展用地的规范交易，优先支持旅游项目用地，有效整合各项土地政策，有序流动合理配置土地要素，创新旅游用地保障新渠道、新办法、新模式、新尝试。通过全域旅游的发展，探索旅游用地实践，以旅游业作为产业试验田，先行先试，对促进旅游业发展，推动乡村振兴，促进城乡融合具有非常重要的实践意义。

依托全域旅游，探索并完善农村承包地"三权分置"制度，在依法保护集体所有权和农户承包权前提下，平等保护并进一步放活土地经营权。健全土地流转规范管理制度，强化规模经营管理服务，允许土地经营权入股从事乡村旅游业经营。

依托全域旅游，探索并稳慎改革农村宅基地制度。探索在旅游用地中实现房地一体的宅基地使用权确权登记颁证。探索宅基地所有权、资格权、使用权"三权分置"，落实宅基地集体所有权，保障宅基地农户资格权和农民房屋财产权，适度放活宅基地和农民房屋使用权。鼓励农村集体经济组织及其成员盘活利用闲置宅基地和闲置房屋用于旅游业发展。在符合规划、用途管制和尊重农民意愿的前提下，允许县级政府优化村庄用地布局，有效利用乡村零星分散存量建设用地。推动各地制定省内统一的宅基地面积标准，探索对增量宅基地实行集约有奖、对存量宅基地实行有偿退出。

依托全域旅游，探索并建立集体经营性建设用地入市制度。在旅游用地中探索农村集体建设用地使用权确权登记颁证。探索农村集体经营性建设用地入市，允许就地入市或异地调整入市；探索依法把有偿收回的闲置宅基地、废弃的集体公益性建设用地转变为集体经营性建设用地入市；探索城中村、城边村、村级工业园等可连片开发区域土地依法依规整治入市；探索推进集体经营性建设用地使用权和地上建筑物所有权房地一体、分割转让。探索农村土地征收制度，缩小征地范围，规范征地程序，维护被征地农民和农民集体权益。

通过全域旅游的发展，探索旅游用地实践，以旅游业作为产业试验田，先行先试，对促进旅游业发展，推动乡村振兴，促进城乡融合具有非常重要的实践意义。

（六）促进人力资源要素流动

改革开放 40 年，随着城乡经济的发展，城市化进程的加速，人力资源要素呈现单向流动的状态。在城乡中，乡村明显处于吸引人力资源要素的劣势地位。乡村的发展需要足够数量的人力资源，更需要有足够质量的人力资源，因此，促进人才在城乡之间的双向流动，形成人力资源在城乡间双向流动机制是乡村发展的必要条件，更是城乡融合的关键。

旅游业的发展能够帮助乡村留住劳动力、留住人才。旅游业是劳动密集性行业，能够吸收农村农业生产中过剩的劳动力，提升了乡村吸收劳动力的能力，促使这部分劳动力留在乡村中。

旅游业的发展能够帮助乡村吸引外出务工劳动力回流。旅游业是现代服务业，是极具发展的朝阳行业。旅游业的以其高速发展以及富民的效益，吸引了外出务工人员回乡创业。

旅游业的发展能够帮助乡村吸引优秀外来人才流入。旅游业的发展可以带动乡村环境的发展，能够带来大量的外来人口到当地旅游创业，形成口碑效应，对提升一个区域的对外知名度，吸引人才流入具有重要作用。因此，全域旅游的发展，为人才在城乡间的双向流动打下产业经济的良好基础，促进优秀的人才，特别是产业化人才到乡村进行创业。

（七）促进资金要素健康流动

资金是经济发展重要的投入要素，但资金的循环是需要依托产业经济交易而进行的，因而需要以产业作为促进城乡资金双向流动的突破口。旅游业具有"融合度高、覆盖面广、拉动力强"的产业特性，也是全球发展范围最广、增长最为强劲的现代服务业。因此，资金能够依托旅游业的产业触角，借力旅游业在生产、消费、分配、流通中与其他产业的融合，进入其他产业，从而起到带动城乡资金流动的目的。

"旅游+"代表一种新的经济形态、生活形态、社会组织形态、一种新的先进生产力，推动旅游业与农业、工业和其他服务业的融合发展，与新型工业化、城镇化、信息化、农业现代化紧密结合，不断催生出新产品、新业态、拓展旅游产业面，拉长旅游产业链，形成现代旅游产业集群，成为推动中国经济社会深化改革、实现社会经济高质量发展的新引擎。

首先，旅游业通过和农业融合，带动资金从乡村外流入乡村内。旅游业以消费渠道为导向与第一产业融合发展，带动农业产业供给结构升级。旅游业和农业融合，能够促使资金从外部区域游客手里，通过旅游业流向农业，从而带动乡村发展。其次，旅游业通过和乡村发展融合，增强乡村的品牌吸引力，带动工商资本从区域外部流向区域内部，赋能乡村经济发展。最后，旅游业作为富民产业，财政资金可以通过旅游业发展，直接带动农民增收，优化财政资金的分配效应。

通过全域旅游的发展，以旅游业作为产业试验田，一是探索财政投入保障机制。优化各级财政支持城乡融合发展及相关平台和载体建设，发挥财政资金"四两拨千斤"作用，撬动更多社会资金投入。二是探索创新乡村金融服务体系。从事旅游业的企业大多是小微企业，这些企业由于缺乏抵质押物，因而难以从银行获得贷款。以全域旅游发展为契机，创新中小银行和地方银行金融产品提供机制，加大开发性和政策性金融支持力度，探索农村集体经营性建设用地使用权、农民房屋财产权、集体林权抵押融资，以及承包地经营权、集体资产股权等担保融资。实现已入市集体土地与国有土地在资本市场同地同权。三是探索创新工商资本入乡机制。乡村有独特的乡土文化和自然环境，适宜旅游业的发展，通过全域旅游建设，以旅游作为引导，工商资本为城乡融合发展提供资金、产业、技术等支持。以全域旅游发展，带动完善乡村旅游融资贷款和配套设施建设补助等政策，促使工商资本流向乡村。探索在政府引导下工商资本与村集体合作发展旅游业实现共赢模式，发展壮大村级集体经济。

第二章 溧阳全域旅游引领县域治理的基础

戴埠镇庙山村

从 2011 年开始，国家经济发展增速开始放缓，从高速增长向中高速增长转变。2014 年中国正式步入发展的新常态阶段，经济发展模式由数量扩张转向质量提高。2015 年经济下行压力不断加大，县域治理中的主要矛盾从实现快速发展，转变为谋求质的提升、促进城乡融合。国家和地区经济增长环境的变化以及县域治理中的主要矛盾的变化，对溧阳县域治理模式提出了新的要求。面对这些变化和时代要求，溧阳再次将旅游业发展和县域治理结合起来，以发展全域旅游引领县域治理，作为应对宏观经济形势变化、区域经济升级、自身产业发展的有力武器。

一、溧阳全域旅游创建前的县域基本情况

（一）溧阳县域治理的经济社会总况

溧阳市地处江苏省西南部，是由江苏省直辖，实行计划单列，常州市代管的县级市，位于长江三角洲西南部的江苏、浙江、安徽三省交界处，西靠南京，北接常州，东临宜兴，南与安徽毗邻，宁杭高铁站穿城以及四条高速环绕，距南京禄口机场和常州奔流机场不到 1 小时车程，交通便利、区位良好，是宁杭经济带区域中心城市及长三角都市圈重要节点城市。面积 1535 平方公里，总人口近 80 万人，是著名的"鱼米之乡""茶叶之乡"。溧阳文化属吴越文化，语言使用吴语。早在秦代，溧阳区域便建

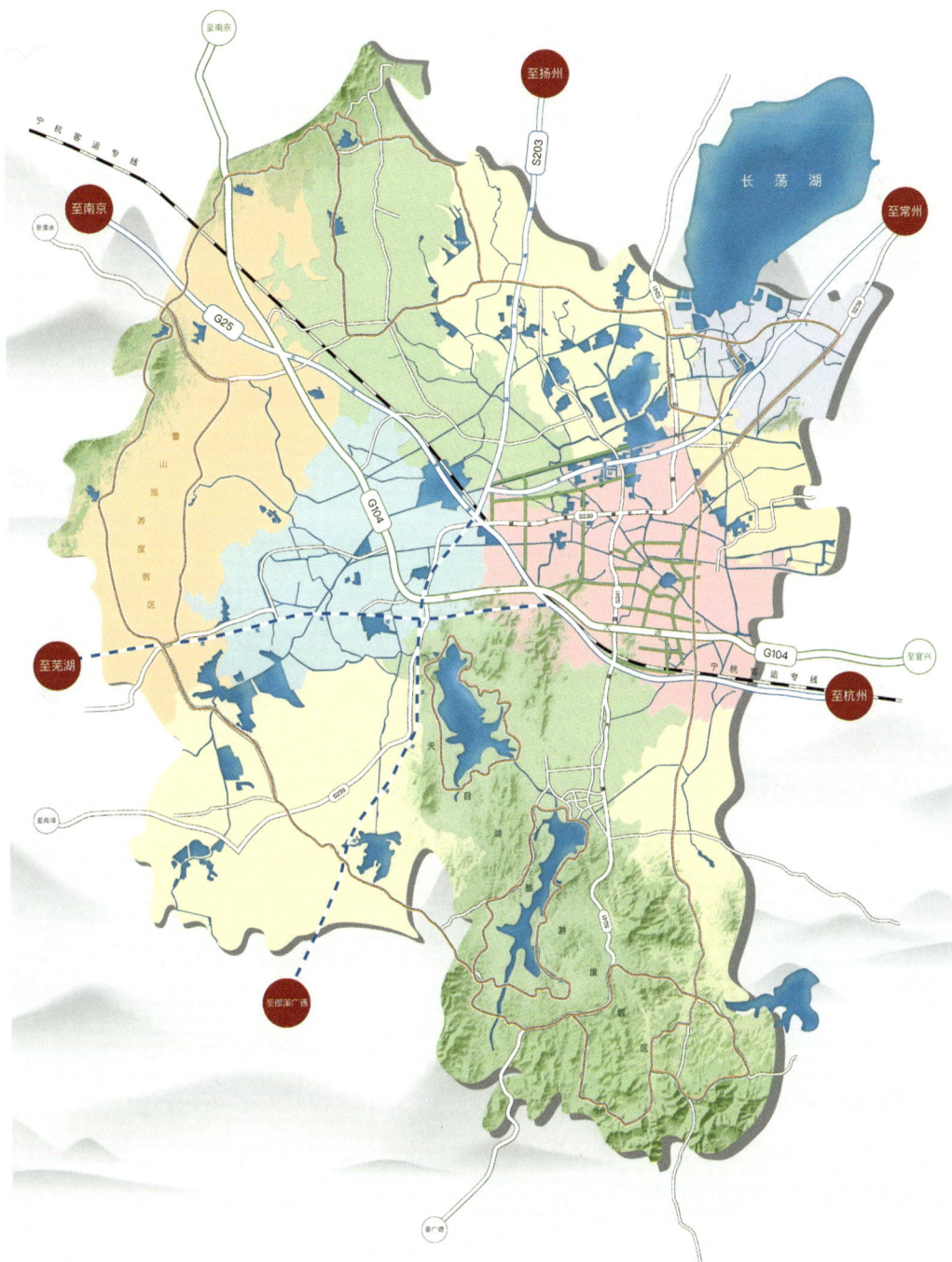

图 2-1　溧阳市区位图

立县制。改革开放后，于 1990 年经国务院正式批准，撤销溧阳县，设立县级溧阳市。2020 年 5 月行政区划变更前，溧阳市辖 10 个镇（区）和昆仑街道，10 个镇（区）分别是：溧城镇、天目湖旅游度假区（天目湖镇）、埭头镇、上黄镇、戴埠镇、别桥镇、竹箦镇、上兴镇、南渡镇、社渚镇，有 1 个省级经济开发区——溧阳市经济开发区，1 个国家级旅游度假区——天目湖旅游度假区，获批筹建 1 个省级高新技术开发区（江苏中关村科技产业园），共有 175 个行政村，59 个居委会。

从总面积来看，溧阳市总面积 1535 平方公里，在江苏省 51 个县级市中排名第 20 位。从经济总量来横向对比，溧阳于 1990 年 12 月撤县设市，仅不到两年的时间，1992 年 7 月 11 日，第一届中国农村综合实力百强县（市）名单揭晓，溧阳名列第 81 位，之后在综合实力百强县（市）榜单长期榜上有名。

（二）溧阳社会经济基础扎实

溧阳全域旅游示范区创建之前，2015 年全市地区生产总值（GDP）达 738.2 亿元，从三次产业来看，第一产业实现增加值 46.3 亿元，第二产业实现增加值 367.1 亿元，第三产业实现增加值 324.8 亿元。三次产业增加值比例为 6.3∶49.7∶44。城镇居民人均可支配收入 38445 元，农村居民人均可支配收入 19880 元。

从 2009—2015 年溧阳市 GDP 及增长速度来看，溧阳 GDP 总量由 2009 年的 360.8 亿元增长到 2015 年的 738.2 亿元，增长 105%。从 2009—2015 年溧阳市人均 GDP 来看，溧阳市人均 GDP 从 2009 年的 4.62 万元增长到 2015 年的 9.7 万元，增长约 110%。从 2009—2015 年溧阳市三次产业比重变动来看，在有为政府和动力市场的有效结合下，经济发展质量不断提升，产业结构不断优化。三次产业占比中，第一产业占比持续下降，从 2009 年的 7.60% 下降到 2015 年的 6.28%；第二产业占比同样持续下降，从 2009 年的 57.41% 下降到 2015 年的 49.73%；第三产业发展迅猛，在三次产业中占比持续提升，从 2009 年的 34.99% 上升到 2015 年的 44.00%，占比增加 25.75%（见表 2-1）。

表 2-1　2009—2015 年溧阳经济发展情况

年份	GDP（亿元）	人口（万人）	人均GDP（万元）	第一产业增加值（亿元）	第二产业增加值（亿元）	第三产业增加值（亿元）	三大产业增加值占 GDP 比重（%）		
							第一产业	第二产业	第三产业
2009	360.8	78.1	4.62	27.4	207.1	126.3	7.60	57.41	34.99
2010	424.7	78.2	5.43	30.2	244.0	150.5	7.11	57.46	35.43
2011	503.8	75.6	6.67	34.5	283.9	185.4	6.85	56.36	36.80
2012	559.2	76.0	7.35	39.0	306.6	213.6	6.98	54.82	38.20
2013	637.2	76.0	8.38	42.6	338.4	256.2	6.69	53.11	40.20
2014	716.3	76.0	9.42	46.1	372.9	297.3	6.43	52.07	41.50
2015	738.2	76.1	9.70	46.3	367.1	324.8	6.28	49.73	44.00

注：2010 年及之前，人口数为年末总人口数，2010 年之后，人口数为常住人口数。

资料来源：《常州统计年鉴》（1991—2019）。

（三）溧阳城乡居民经济基础稳步提升

从 2009—2015 年溧阳市城乡居民人均可支配收入及城乡收入比来看，溧阳城镇人均可支配收入从 2009 年的 20774 元上升到 2015 年的 38445 元，增长 85%。农村人均可支配收入从 2009 年的 10096 元上升到 2015 年的 19880 元，增长 96.9%，农村人均可支配收入增长率显著高于城镇居民人均可支配收入增长率，城乡收入比逐步缩减，城乡收入比从 2009 年的 2.06 缩小到 2015 年的 1.93，城乡收入差距进一步缩小（见表 2-2）。

表 2-2　2004—2018 年溧阳市城乡居民人均可支配收入及城乡收入比

年份	城镇人均可支配收入（元）	农村人均可支配收入（元）	城乡居民收入比
2009	20774	10096	2.06
2010	22912	11368	2.02
2011	26418	13505	1.96
2012	29852	15261	1.96
2013	32804	16985	1.93
2014	35531	18222	1.95
2015	38445	19880	1.93

资料来源：《常州统计年鉴》（2005—2019）。

二、溧阳全域旅游创建前县域治理中面临的新挑战

（一）溧阳面临经济转型的挑战

2014 年，习近平总书记首次提出中国发展进入经济发展的"新常态"这一论断，意味着中国经济已进入一个与过去 30 多年高速增长期不同的新阶段。在整个国家经济社会发展调整的大背景下，溧阳经济社会发展也不例外。溧阳在全域旅游示范区创建之前，尽管经济社会发展稳步提升，但由于前期经济高速发展所掩盖的经济粗放低效问题日益暴露，增速呈现逐年下滑的趋势，从 2009—2015 年溧阳市 GDP 增长速度的相关数据可以看出，溧阳市 GDP 增长速度从 2011 年的 18.63% 下滑到 2015 年的 3.05%，增速到达历史低值。2015 年溧阳 GDP 进入低速增长拐点，传统产业面临转型升级压力。"十三五"的开局溧阳面临 GDP 低速增长、经济下滑的拐点。钢铁行业、水泥行业深陷产能过剩困局。传统产业发展模式将难以为继。

在发展动能上，依靠资源和劳动力推动增长的路径已无出路，高层次人才集聚度不高和创新创业氛围不浓的现状，决定了新发展动能的培育任重道远；在产业结构上，实体经济越发困难，传统产业、低端产业占比较高的状况短期难以根本改变，而新兴产业刚刚起步；在社会氛围上，全社会资本市场意识整体欠缺，一些领域市场壁垒依然存在，开放包容的城市精神尚未形成。

2015 年，标志着溧阳经济正式从高速增长向中高速增长换挡，要从粗放型、数

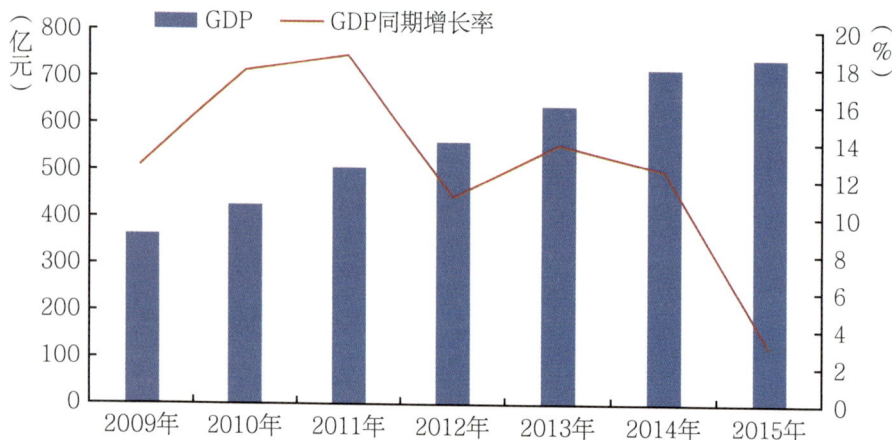

图 2-2 2009 —2015 年溧阳市 GDP 及增长速度

量型、靠低成本驱动扩张的状态，转向集约型、质量型、靠创新驱动发展的状态。总量快增、结构调整、产业转型、自主创新将是溧阳市产业发展的必然方向。

（二）溧阳面临周边城市竞争的挑战

长三角地区同质化竞争加剧。2015年苏南第一方阵县市已进入技术、人才引领发展的新阶段，苏中靖江、启东等县市依托沿江沿海开发综合实力提升迅速，周边溧水、高淳融入南京城区发展迅猛，相邻金坛抓住常金一体的机遇更是发展势头强劲。而溧阳在苏南板块中综合竞争力偏弱，装备制造业不强，生产性服务业缺乏，创新基础薄弱，内生增长动力不足，且与周边区位、资源禀赋等条件相似的县域城市同质化趋势明显，亟待进一步发挥区位优势、资源优势，形成竞争优势，加快区域突围步伐。

（三）溧阳面临社会提升的挑战

溧阳城市环境治理任务繁重，城市建设、精细管理的品位亟待提升；公共服务产品供给与副中心城市地位、普通群众需求仍有一定差距，城市公共服务的品质亟待提升；文化服务基础设施薄弱，历史文脉传承不够，城市人文气息不浓，城市文化内涵的品格亟待提升。生态环境系统化机制尚未形成，需要花更大的力气、更多的财力保护环境，培育生态亮点，迫使企业进一步提高工艺、技术、装备水平。

综上所述，溧阳面临的这些挑战，要求溧阳县域治理模式要根据经济社会发展的需求及时调整，面对复杂严峻的宏观经济形势和艰巨繁重的改革发展稳定任务，把握新要求、深化改革、培育新动力，以便更好地促进溧阳经济社会发展。

三、旅游业成为溧阳统筹县域治理的重要抓手

溧阳的富饶不是天生的，溧阳发展经济的先天生产基础资源要素匮乏。溧阳地处苏浙皖边界，改革开放初期，溧阳是一个典型的落后农业县。从溧阳自身资源禀赋来看，溧阳缺乏粮食种植的农业生产条件。土地作为农业县最重要的资源要素，溧阳自身地形大多呈现连绵不断的丘陵地貌；从溧阳外部区位要素来看，溧阳虽处于经济发

达的长三角经济带，但由于溧阳与上海之间有太湖阻隔，溧阳难以直接获得上海经济发展的溢出效应。

溧阳的美丽也不是天生的，溧阳发展旅游业的自然和人文基础薄弱。与邻近拥有西湖和太湖等优质自然资源的城市相比，溧阳缺乏具有独特分量的山水资源；与邻近的苏州、杭州等历史名城相比，溧阳缺乏极具影响力的历史文化资源。

溧阳这个天生既不富裕也不美丽的落后农业县，撤县设市30年来，历届溧阳市委市政府始终基于县域重点难点问题，勇于创新县域治理方式，并持续将旅游业作为溧阳县域治理的重要工具，走出了一条富裕美丽的独特县域治理之路。30年来，溧阳市委市政府持续推进以旅游业作为县域治理工具的重大县域治理创新，使这样一个地处苏浙皖边界的落后农业县，从20世纪90年代初期一跃成为全国县城经济百强县（市），并持续在全国县域发展中领跑。

（一）溧阳旅游业发展的资源要素基础

溧阳虽然没有独特的山水，却以独特创新的县域治理方式，将平凡的山水，不出彩的自然人文要素，转化为人人向往的经济发达、生态美好、生活幸福之地。

溧阳将平凡的山水赋予不平凡的内涵，打造出自然和人文旅游资源组合良好的六大旅游资源，即生态资源、文化资源、度假资源、康养资源、农业资源、体育资源。这些被挖掘打造出的旅游资源覆盖了《旅游资源分类、调查与评价》中所有主类的七大类，发展层次较高，生态优势突出，以天目湖－南山竹海景区为杰出代表。使溧阳从一个落后农业县，发展成为国家生态旅游示范区、国家湿地公园、国家森林公园。

自然资源要素

溧阳将平凡的山水转化为秀美的旅游新地标。溧阳地处苏浙皖边界的丘陵地带，土地总面积1536平方公里，境内有低山、丘陵、平原圩区等多种地貌类型，拥有南山、曹山、瓦屋山等山体资源。南部为低山区，属天目山脉延伸，山势较为陡峭，绝对高程在250米以上；西北部为丘陵区，冈峦起伏连绵；腹部自西向东地势平坦，为平原圩区。溧阳将平凡的南山，转化为以其清幽静谧的山湖竹海景观和丰富的温泉资源为代表的知名景区；将平凡的曹山，转化为"最美赏花地，四季百果园"，转化为休闲农业旅游和休闲运动旅游的重要基地；将平凡的瓦屋山打造成为生态环境极佳的文化山脉代表。

溧阳将不起眼的水库打造成世界一流的度假目的地。溧阳处于太湖的湖西水网区，溧阳不与太湖直接相邻，与太湖之间有宜兴市阻隔。溧阳将治理水害的沙河水库和大溪水库打造成湖光山色、风景绝佳、各类旅游度假设施俱全的天目湖，成为首批国家级旅游度假区、江苏省首批生态旅游示范区。将昔日的满目荒凉地，变成了金山银山的青山绿水。

文化资源要素

溧阳将孟郊《游子吟》、史贞女等文化历史传说转化为溧阳发展文化旅游业的忠孝文化资源；溧阳充分挖掘南山的长寿文化，打造长寿文化节，将南山转化为溧阳重要的长寿文化旅游资源；溧阳发展休闲经济，促进旅游高质量发展，形成了以南山温泉为代表的温泉文化旅游资源；溧阳将鱼头、乌米饭、扎肝等传统地方美食转化为重要的美食文化旅游资源；溧阳以新四军江南指挥部纪念馆等为代表，打造红色文化旅游资源；溧阳将包括太平锣鼓、傩舞傩戏、跳幡神、蒋塘马灯、河口祠山祭鼓、乘马圩冻煞窠、刘家边跳祠山、大田村跳五猖、社渚龙舞、新塘跳观音、宋村跳关公、帐墓祠山鼓乐等在内的传统民间演艺和民间集会，以及社渚镇傩文化、庙会为代表的传统民俗文化转化为民俗文化旅游资源。乡村文化是县域的重要文化标识，溧阳立足乡村，用旅游业态挽救了在经济发展大潮中没落的乡村文化，旅游成为乡村文化和乡村文明的载体和传播者。

历届溧阳市委市政府主动作为，将平凡的山水人文资源，打造出不平凡的业绩，创造出不平凡的价值，溧阳以旅游业作为县域治理工具的基础，全域呈现出"三山一水六分田"的禀赋特征，文化旅游充分融合，全市林木、耕地和水域总覆盖率达89.2%。

（二）溧阳旅游业作为抓手产业的基础稳固

从 20 世纪 90 年代初，溧阳将旅游业作为县域治理的重要工具产业开始，溧阳旅游业经过 20 多年的发展，取得了良好的经济、社会、生态成效，夯实了其作为溧阳县域治理抓手工具的重要基础。2015 年，溧阳市旅游业以"全国一流、全域一体"旅游发展线路为目标，旅游产业蓬勃发展。全年旅游接待总人数 1462.42 万人次，实现旅游总收入 159.46 亿元，旅游业已成为溧阳市国民经济的支柱产业。2015 年，天目湖成为首批国家级旅游度假区，天目湖旅游度假区全年旅游接待总人数 735 万人次，实现旅游总收入 10.9 亿元。南山花园荣获"江苏省乡村旅游创新项目"，李家园村荣获"中国乡村旅游模范村"，十思园荣获"全国休闲农业与乡村旅游示范点"，翠谷庄园荣获"全国休闲农业与乡村旅游五星级企业"，溧阳荣获"全国森林旅游示范县"称号。2015 年年底，全市拥有 A 级别景区 7 家，其中 5A 级别景区 1 家（包括天目湖、南山竹海、御水温泉）、4A 级景区 1 家、2A 级景区 5 家；全国工农业旅游示范点 7 家；江苏省四星级乡村旅游示范点 15 家，其中全国农业旅游示范点 4 家；江苏省三星级乡村旅游区（点）2 家；江苏省二星级乡村旅游区（点）3 家；省级自驾游基地 3 家；旅行社 16 家，其中全国百强国内旅行社 1 家；星级饭店 18 家，其中，五星级 4 家、四星级 5 家、三星级 6 家、二星级 3 家，拥有 5278 张床位。

2009—2015 年溧阳旅游业发展稳定上升，溧阳旅游总收入，从 2009 年的 52 亿元上升到 2015 年的 152 亿元，增长 192%。旅游接待总人次从 2009 年的 630 万人次上升到 2015 年的近 1500 万人次，增长 138%（见图 2-3）。

数据来源：《常州统计年鉴》（2010—2016）。

图 2-3　2009—2015 年溧阳市旅游业发展情况

旅游业发展速度高于同期全市经济发展和全市服务业增长速度，2009年溧阳市旅游业增加值同比增长17.42%，同期溧阳市GDP和溧阳市服务业增加值同比分别增长12.75%、11.28%。2015年溧阳市旅游业增加值同比增长11.63%，同期溧阳市GDP和溧阳市服务业增加值同比分别增长3.05%、9.25%。从总体趋势对比来看，溧阳市旅游业增加值增长情况总体高于同期溧阳市GDP和溧阳市服务业增加值增长情况，溧阳市旅游业保持着较好和较高的发展速度，引领着溧阳市整体县域经济社会发展（见图2-4）。

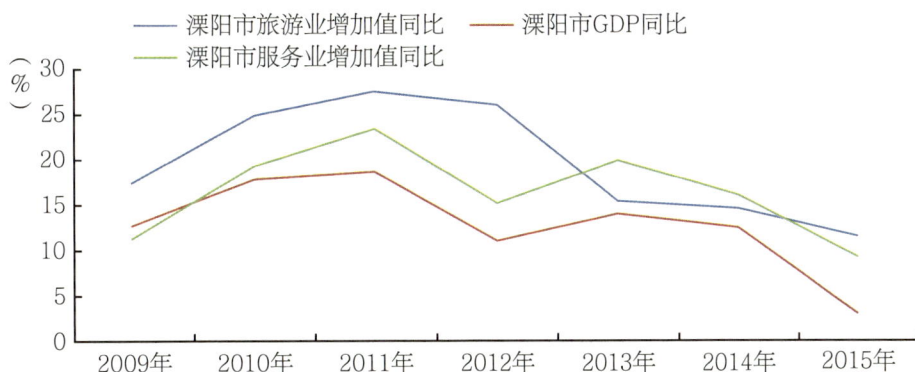

数据来源：作者根据《溧阳统计年鉴》（2010—2016）数据计算得出。

图2-4　2009—2015年溧阳市旅游业增加值、服务业增加值及GDP同比增长对比

（三）溧阳旅游业作为县域治理抓手的发展脉络

溧阳县域治理与旅游业发展的最初结合，就是以经济发展作为县域治理目标，从天目湖景区开发开始的。这一创新探索实践，溧阳把生态资源转化成了经济发展的优势，使一个地处苏浙皖边界的落后农业县，一跃成为全国县域经济百强县（市）。

1990年8月，经国务院批准，具有2000多年历史积淀的溧阳撤县设市。当时单薄的财政尚未过亿，为了改变老区、山区、边区的贫困现状，在审视资源禀赋的基础上，溧阳确立了工业、农业、商贸业、旅游业"四大开发"的发展战略。溧阳决策者们创新理念，从解决县域治理的重点、难点问题出发，创新地将旅游业作为县域治理的工具，探索促进县域经济发展、提高人民生活水平的路径。溧阳市委市政府通过治理思路创新，将县域治理和旅游业发展相结合，带领山区人民点荒山为金山，挖掘自然山水的旅游经济价值，将原来因治理水害而兴建的两个普通水库——沙河水库和大

溪水库，转变为天目湖风景旅游区。1992 年 4 月，天目湖旅游度假区成立，天目湖旅游开发建设全面启动。天目湖景区成为溧阳县域治理与旅游业发展相结合的重要见证者，天目湖景区的建设、发展、繁荣、辐射的发展过程，也是旅游业融入溧阳县域治理的过程，是溧阳县域治理能力建设的具体体现。

1. 中华人民共和国成立初期，溧阳县域治理与旅游业发展相结合的基础期

中华人民共和国成立初至 20 世纪 90 年代初

溧阳县域治理的难点：南山水害，百姓生活贫困，靠天吃饭

天目湖位于常州溧阳市南 8 公里处，因属天目山余脉，故名"天目湖"。天目湖起源于沙河、大溪两座水库。1961 年之前，溧阳饱受旱涝灾害，老百姓生活贫困。每年汛期，由天目山余脉直泻而下的"南山水"如同千万头猛兽一样冲毁沙河沿岸的大片庄稼、民舍，酿成一幕幕悲剧。而每遇到旱年，此地又滴水贵如油，土地龟裂、颗粒无收。

溧阳县域治理措施：水利工程变害为宝，穷山沟变聚宝盆，为天目湖形成打下基础

1957 年，为变水害为水利，江苏省水利专家在溧阳考察，研究了当地地形。发现一马平川的沙河两边是延绵不断的碧绿大山，如在沙河的下游，能拦住这些水，用水发电，灌溉田地，旱涝保收，造福民间，应是一件"功在当代，利在千秋"的大好事，于是就开始建造了"沙河水库"。1958 年，为解决长期以来的南山水害问题，溧阳县委发出了建设沙河水库的动员令，溧阳人民掀起了治山治水的运动。先后成立沙河水库、大溪水库工程指挥部，经过全县人民的努力，1961 年两座水库基本建成，从此，穷山沟变成了聚宝盆。

2. 城乡改革开放初期，溧阳县域治理与旅游业发展相结合的萌发期

20 世纪 90 年代初至 2000 年

溧阳县域治理的难点：基本消除贫困现象，人民生活达到小康水平

20 世纪 90 年代初，身处苏南的溧阳，虽然经济发展势头良好，但与苏州、无锡等地区相比，还有很大提升空间。当时溧阳有一半乡镇和人口在山区，因此解决贫困问题，奠定社会持续发展的物质基础，让人民生活从温饱达到小康水平成为当时溧阳县域治理的重点和难点。

溧阳县域治理措施：借旅游为县域经济注入新动能

1992 年，溧阳市委、市政府本着"抓开发、促开放"的指导思想，按照"一、二、三产业并举"和"高起点、超前性"的原则，从实际出发，规划实施天目湖旅游度假区开发项目。4 月，成立沙河绿色旅游开发区领导小组；5 月，以沙河水库、大溪水库为主体的天目湖风景旅游区动工兴建。至 1992 年年底，天目湖旅游度假区以天目湖为中心，以黄家山鸟岛、伍子胥投金濑、平桥石坝、南山竹海等景点为依托，开发建设天目湖旅游度假区，年内建成并对外开放水上游艇、湖滨浴场、报恩禅寺等 8 个景点和项目，并被省旅游局确定为省五大重点旅游度假开发区之一。1993 年 3 月，溧阳市天目湖旅游度假区管理委员会成立，管委会和沙河水库管理处、天目湖旅游开发实业总公司合署办公，实行三块牌子一套班子的领导体制，在度假区党委的统一领导下开展工作。1994 年 7 月，天目湖旅游度假区被江苏省人民政府批准为省级旅游度假区。1994 年 10 月 10 日，苏政发〔1994〕50 号文件指出，溧阳天目湖旅游度假区享受江苏省省级开发区的同等政策，总体规划面积 10.67 平方公里，东北起东陵镇、西南至沙河乡圹芥村，西北起沙河乡桂林村，东南至沙河乡龙芥南 1.5 公里处。

为了扩大天目湖旅游对县域经济的带动作用，溧阳市委市政府决定将促进农业经济发展的茶叶节和旅游业结合，1997 年，第六届中国溧阳茶叶节在天目湖旅游度假区举行。美国、加拿大、阿联酋、日本、中国香港等 23 个国家和地区的外商，全国各地的来宾共 1200 多人参加。1999 年 4 月 26 日至 5 月 3 日，天目湖首次举办"正昌杯"中美滑水明星对抗赛，并于 4 月 28 日至 30 日同时举行第七届中国溧阳茶叶节。2000 年 10 月 2 日至 4 日，首届"天目湖啤酒杯"国际摩托艇暨水上摩托超级明星争霸赛在天目湖旅游度假区举行。2000 年，天目湖旅游度假区旅游服务收入突破 8000 万元，接待国内外游客 108 万人次。

第一轮旅游业开发和县域经济结合的成功，吸引大量工商资本回流荒山开发生态农业和旅游，天目湖成为溧阳招商引资、招才引智，推动休闲农业和乡村旅游发展最大的"金字招牌"。到 2000 年，进入溧阳农旅领域的工商资本超过 10 亿元。当年实现旅游总收入 5.37 亿元，旅游接待总人数 100.58 万人次。

3. 城乡高速发展时期，县域治理与旅游业发展结合的发展期

2000 年至 2015 年

溧阳县域治理的难点：经济结构不平衡，粗放型的增长方式成为可持续发展的障碍

经过改革开放 20 多年的积累，溧阳生产力水平迈上了一个新台阶，商品短缺状况基本结束，溧阳具备了良好的经济发展基础，人民生活总体上达到了小康水平。但随着经济发展进一步扩大、经济发展进程的进一步加快，溧阳经济发展中的突出矛盾逐步由经济缓慢向经济结构失调转变，主要表现为第一产业占比偏高、服务业占比偏低。以 2000 年为例，当年第一产业占 GDP 比重为 14.85%，服务业占 GDP 比重为 35.9%。

此外，当时溧阳生产力还不发达，制约发展的一些长期性深层次矛盾依然存在：耕地、重要矿产资源相对不足，生态环境比较脆弱，部分行业盲目扩张、产能过剩，经济增长方式转变缓慢，能源资源消耗过大，环境压力增加，这些都在影响溧阳未来的可持续发展。总之，经济发展结构不平衡、经济效益较低等问题成为溧阳进一步推动全面建设小康社会的现实阻碍。

溧阳县域治理措施：以旅游推动经济结构优化，为生态建设、环保、经济与社会的可持续发展奠定良好的基础

"十五""十一五""十二五"计划是进入 21 世纪的前三个五年计划，溧阳制订"十五""十一五""十二五"计划，把旅游业推动经济发展作为重要内容，把旅游业推动县域经济结构优化作为重要措施，把旅游业作为建立生态与经济协调发展的可持续社会的重要工具。

进入"十五"以后，溧阳以"长三角的都市后花园"为定位，发挥天目湖得天独厚的山水优势，加大基础设施投入，建设绿色生态示范区和森林公园，培植山水型、资源型、生态型旅游资源，以旅游业发展吸引外资促进县域经济、社会与环境的协调可持续发展。

2001 年 1 月，天目湖旅游度假区成为全国首批 188 家 4A 级旅游景区之一（当时 4A 级为最高等级），这是常州市唯一一家。2001 年 4 月 28 日至 5 月 2 日，第八届中国溧阳茶叶节暨"天目湖啤酒杯"第十五届亚洲滑水锦标赛在天目湖旅游度假区

举行。

2005 年，溧阳市委、市政府从发展大旅游考虑，结合溧阳旅游经济的发展，又创办了一年一度的天目湖旅游节。在旅游黄金期，选择 5 月一个整月与茶叶节两年一回合，相辅相成，相得益彰。茶叶节、旅游节隔年相逢，联合推出开幕式，既节省了成本，更体现了实效，由此出现全国少有的"两节并现"现象。2007 年 4 月 28 日至5 月 28 日，第十届中国溧阳茶叶节暨第三届天目湖旅游节在天目湖旅游度假区举行。2007 年，天目湖旅游度假区实现国内生产总值 13.5 亿元，实现财政收入 2.66 亿元。农林牧渔业总产值 3.42 亿元，农产品的品牌建设得到进一步加强，市场竞争力不断提升，新申报绿色、有机农产品 18 个品牌，常州市名优农产品 5 个品牌，天目湖白茶已成功走向国际市场，成为国内第一品牌。工业快速增长，完成工业销售收入 25.1亿元。旅游业继续保持了高速发展态势，全年接待游客 400 万人次，实现旅游总收入3.5 亿元。

伴随"两节"层层递进与造势助推，溧阳旅游业的发展进入了快车道。2011 年，溧阳将"三区同创"①作为推动全市产业结构优化升级的战略重点之一，并把创建国家级旅游度假区作为首要目标。2013 年 9 月，天目湖荣膺国家 5A 级旅游景区。同年12 月，凭借生态建设的底气，天目湖一举获评国家生态旅游示范区。2015 年 10 月，天目湖荣膺首批国家级旅游度假区。溧阳为全国树立了首屈一指的旅游度假标杆。

第二轮旅游业发展和县域经济结构转型、经济社会环境可持续发展的成功实践，环境、经济、文化、社会事业全面开花。2000—2015 年是溧阳市快速发展的时期，旅游业发展迅猛，引领溧阳整体经济社会发展，经济结构取得显著优化，第一产业占比显著下降，第三产业占比显著上升，经济、社会、环境的可持续发展能力显著增强。2000—2015 年，旅游总收入从 5.37 亿元增长至 159.46 亿元，增幅高达2869%。旅游接待总人数从 100.58 万人次增长至 1462.42 万人次，带动县域流动消费人口显著增加。2015 年，溧阳 GDP 为 738.2 亿元，较 2000 年增长 808%，其中第一产业增加值从 2000 年的 12.1 亿元到 46.3 亿元，占 GDP 的比重从 14.85% 下降为 6.28%，第二产业增加值从 2000 年的 40.4 亿元到 367.1 亿元，占 GDP 的比重从

---

① "三区同创"：天目湖先后创成"国家 5A 级旅游景区""国家生态旅游示范区"和"国家级旅游度假区"。

49.68% 略增加至为 49.73%，第三产业增加值从 2000 年的 28.8 亿元到 324.8 亿元，占 GDP 的比重从 35.44% 增长至为 44%。

4. 城乡融合发展时期，县域治理与旅游业发展结合的转型期

2015 年至 2019 年

溧阳县域治理的难点：城乡差距拉大，城乡发展割裂，城乡融合难

溧阳全市"全域旅游推进年"动员大会

2015 年，在经济从高速增长向高质量增长转化的背景下，溧阳县域治理中的主要矛盾从实现快速发展转变为谋求城乡融合，城乡差距拉大、城乡发展割裂、城乡融合难成为溧阳县域治理中面临的核心难点。县域治理主要矛盾的变化要求溧阳在县域治理方面，要改变原来就问题解决问题的方式，要提高县域治理决策的统筹性、整体性、系统性和科学性。

溧阳县域治理措施：以全域旅游推动"四大经济"，充分利用旅游业融合特征以点带面促进要素自由流动、推动城乡融合发展

溧阳在县域治理中，面对深层次问题、矛盾的变化，充分认识到旅游业作为深化改革突破口的巨大价值，继承发展了溧阳撤县设市 20 多年来，以旅游业作为县域治

理工具的实践经验和实践成果。积极推进以全域旅游为统筹的县域治理改革创新，打通县域治理中突出的重点难点问题，推进乡村振兴，统筹城乡融合，城乡可持续发展，畅通县域经济社会发展的内循环，为县域经济社会高质量发展打下基础。

溧阳市委市政府对县域治理中存在的问题有着深刻认识。旅游是关联度最大的产业，当天目湖景区跃上"全国一流"后，必须"居安思危"，这个"危"既包括天目湖在内的全市旅游的后劲考量，还有来自周边地区的压力，这就意味着需要寻求新的发展动力，"全域一体"就是旅游发展的新引擎。自 2016 年以来，为溧阳旅游业作为县域治理工具续写辉煌，溧阳以创建全域旅游示范区为契机，积极探索深化改革背景下的县域治理新模式，推进乡村振兴、城乡经济社会可持续发展、城乡融合发展。溧阳创造性提出了"以全域旅游统筹县域经济社会发展，创新县域治理方式"的新理念，在全国走出一条在城乡融合的背景下，以全域旅游为统筹的县域治理创新的"溧阳之路"。

"两山"理论是习近平同志治国理政实践中总结出的重要理论。旅游业如同一个扁担，一头儿挑着绿水青山，另外一头儿挑着金山银山。溧阳充分利用旅游业的双向转化机制，实现"绿水青山就是金山银山""金山银山就是绿水青山"的双向转化。溧阳做好了休闲旅游经济这篇大文章，把生态资源转化为旅游资源，天目湖成为国家5A 级景区，最终成功登陆资本市场，变成了上市公司中全省旅游景区第一股。

溧阳通过全域旅游创建，激活了 1535 平方公里版图上"三山一水六分田"分散的自然资源，成为"三山两湖一团城"①大旅游格局上的重要一环，更为县域治理提供了抓手。溧阳深挖全域旅游统筹县域治理的潜力，以旅游业为生态基底产业的"四大经济"成为溧阳县域高质量发展的重要治理实施路径，推动了"+ 旅游"在县域治理中的全面开花，现代观光农业、"美丽乡村"与休闲度假的融合发展，体育产业和旅游业融合发展，文化服务业和旅游业融合发展，康养行业与旅游业融合发展等。

溧阳以全域旅游统筹县域治理的第一步，就是做强旅游产业，不断夯实旅游业发展的基础。溧阳立足旅游业"生态创新"的发展目标，不断优化天目湖及周边生态环境，使得天目湖及周边绿水青山品质不断提升，创建了天目湖国家湿地公园（试点）、天目湖国家森林公园，成功摘得国家级生态旅游示范区、国家 5A 级景区、国家级旅

① "三山两湖一团城"：2016 年溧阳成为第二批国家全域旅游示范区创建单位，全力打造以南山、曹山、瓦屋山，天目湖、长荡湖，宋团城为主体的"三山两湖一团城"旅游发展格局。

游度假区等国家级荣誉。围绕全域一体的大旅游高质量发展，2016 年溧阳出台《关于实施"向休闲经济拓展"三年行动计划的意见》，2017 年 4 月，"南山竹海风情小镇"入选江苏省首批旅游风情小镇创建名录。同年 8 月 23 日，礼诗圩、牛马塘、塘马村、杨家村入选江苏省特色田园乡村建设首批试点村。伴随着旅游风情小镇、特色田园乡村试点的建设，一批布局合理、特色鲜明、经营规范、打破传统的溧阳茶舍，拉动茶文化经济向一、二、三产业延伸，彰显着"自在茶香，美音溧阳"的旅游文化内涵。

溧阳以全域旅游统筹县域治理的第二步，就是发挥旅游业的联动效应，不断筑牢旅游业统筹县域治理工具的基础。溧阳从原来景区景点化的旅游业内单点突破模式，转变为统筹景区内外、统筹旅游业和其他产业发展、统筹城乡多维联动的连片带面模式。通过提升传统农村路为"1 号公路"，将景区和非景区连接起来，将城市和乡村连接起来，将不同产业连接起来，带动"1 号公路"周边的环境形象、公共服务、经济发展共同提升，实现了绿水青山向金山银山的转变。2018 年，全长 365 公里的"溧阳 1 号公路"贯通，将田园、乡村、景区和茶舍串成线、连成片，溧阳的旅游发展和县域治理模式实现迭代升级，已经从之前的以旅游促经济发展上升到了以旅游促城乡联动、县域经济发展的新高度。2017 年，基于多重层面的考虑，溧阳将"两节"在形式与内容上做进一步创新，而且把开幕时间由以往每年 4 月 28 日，前移至 4 月 10 日，与天目湖白茶开采同步。为了把"两节"办成全民的节日，让节会永葆发展激情，溧阳创新办节理念，淡化政府包办思维，通过政府引导、行业牵头、市场运作、社会参与、还节于民，有效调动了社会力量大显身手。2017 年 4 月 10 日，2017 中国·溧阳茶叶节暨天目湖旅游节，在天目湖畔的凌峰生态园隆重开幕。让茶园成为节会舞台，这是一次首创，其用意就是提升溧阳茶叶品牌与茶商知名度，同时使茶园增加旅游功能，成为旅游景区，让茶乡收获茶业与旅游业的双赢。另外，与以往参加"两节"的对象是外商、客商为主不同的是，2017 年的"两节"在注重外商、客商的基础上，还征集全国各地游客、选出溧商与市民代表参加，其比例占 50%。不仅仅注重于以往的招商引资、经贸合作等属性，还全面突出旅游、茶业、农业、文化等本地要素，通过"全域旅游 +"，释放空间、时间、产品效应，推进一、二、三产业融合发展。2018 年，城市新地标博物馆开馆；2019 年，杨家村美丽乡村亮相；从市区到景区，从公园到茶园，"两节"开幕式舞台的巡回移动，每年带火一个景点。截至 2019 年，溧阳拥有 17 个省级美丽村庄，266 个星级旅游农庄，是全省特色田园乡村建设试点最多的县市之一。乡村旅游"溧阳模式"全国推广，并获评中国旅游竞争力百强市、世界长寿之乡，景点旅游向全域旅游拓展，溧阳以旅游业壮大乡村，城乡融合效应已初显端倪。

　　无论是城乡改革开放初期、县域治理与旅游业的萌发期，城乡高速发展时的县域治理与旅游业发展结合的发展期，还是城乡融合发展时的县域治理与旅游业发展结合的转型期，撤县设市 30 年来，溧阳市始终把旅游业作为县域治理重要的产业抓手，把旅游业作为推进县域城乡社会经济一体化发展的有利契机和重要途径。从城市面貌改善到乡村环境提升、从老难题到新难题、从低层次问题到高层次问题，通过以旅游业作为产业试验点、深化改革，创新县域治理的方式——化解，实现由量变到质变。使一个千年古邑发展成长三角的后花园，使一个一度靠自然资源吃饭的地区发展成绿色生态创新的现代化工贸城市。

四、溧阳市在国家治理体系中的定位

（一）江苏省在国家治理中的定位

　　区域治理现代化是国家治理现代化的基础，由于我国地域辽阔，发展现状千差万别、资源优势不尽相同，各区域要在服从全局的前提下探索区域治理能力现代化。长三角地区是我国经济发展最活跃、开放程度最高、创新能力最强的区域之一，在国家现代化建设大局和全方位开放格局中具有举足轻重的战略地位。推动长三角一体化发展，增强长三角地区创新能力和竞争能力，提高经济集聚度、区域连接性和政策协同效率，对引领全国高质量发展、建设现代化经济体系的意义重大。

　　在国家治理体系建设中，中央重视长三角区域在国家经济社会发展中的地位和作用，要求其勇当我国科技和产业创新的开路先锋，加快打造改革开放新高地，着力打造成为世界一流水准的发展区域。党的十八大以来，习近平总书记对江苏发展高度重视、寄予厚望，多次在国家治理体系建设的关键时间节点，亲临江苏视察工作，先后 4 次对江苏做出重要讲话或指示。2013 年，习总书记提出"深化产业结构调整、积极稳妥推进城镇化、扎实推进生态文明建设"三项重点任务。2014 年，视察江苏时提出建设"强富美高"新江苏、从"经济发展、现代农业建设、现代文化建设、民生建设、全面从严治党"五个方面推动迈上新台阶的要求。2018 年，习总书记在党的十九大后到地方视察第一站到江苏，强调关注"坚守实体经济、推动创新发展、深化国有企业改革、实施乡村振兴战略、建设生态文明、加强基层党组织建设"六个重点问题。2020 年年末，新发展格局建设新时期伊始，长江经济带发展的关键节点，习总书记亲临江苏，对江苏省发展提出"争当表率、争做示范、走在前列"的要求。从习近平总书记对江苏省发展的要求可以看出，党中央和国务院把江苏省放在整个国家治理体系和治理能力现代化建设顶层设计中的重要位置和实践落地的关键环节。一方面，要求在江苏省内部为省级区域试验田，通过改革创新、快速执行落地，实践习近平新时代中国特色社会主义思想，更好地促进江苏省内部区域结构优化，实现融合发展、高质量发展；另一方面，要求在江苏省外部起到引领、带动、示范的作用，在经济上走在国家发展的前列，为全国发展大局做贡献。在治理层面上，将江苏省内部对执行落地党中央国务院要求过程中总结的先进经验、创新成果向全国进行宣传、复制和推广，为全国深化改革、实现高质量发展贡献江苏经验。

（二）溧阳市在江苏省的定位

溧阳市在江苏省的定位：以"生态创新、城乡融合"为特质的长三角生态创新示范城市为发展定位。

溧阳确定了以"生态创新、城乡融合"为特质建设长三角生态创新示范城市的发展定位，以建设宁杭生态经济带最美副中心城市为发展愿景。2019 年，溧阳成为江苏省社会主义现代化建设试点，入选国家城乡融合发展试验区，入选全国首批乡村治理体系建设试点县，打造城乡融合、"强富美高"的新溧阳。让生态创新成为溧阳引领示范长三角的核心特质。聚焦建设长三角生态创新示范城市，全面释放生态优势，聚合高端创新资源，切实把生态转化为吸引产业、科技等创新发展的品牌。

（三）溧阳县域治理总体战略方向

溧阳打造"生态创新地、城乡融合体"的总体县域治理思路。"生态创新地"是现代化试点的战略路径，"城乡融合体"是现代化试点的奋斗目标，结合起来就是要按照"聚焦上海、接轨南京、对接深浙、联动皖南"战略部署，围绕产业美好、生态美丽、文化美妙、生活美满这"四美"目标，坚持以发展先进制造、高端休闲、现代健康、新型智慧"四大经济"为抓手，以推动城乡经济协合、城乡环境契合、城乡生活翕合、城乡治理匡合"四项融合"为重点，以空间拓展与融入长三角协同谋划、生态涵养与城市美誉度协同推进、产业培育与新型城镇化协同互动、民生共享与功能辐射力协同发展"四个协同"为路径，系统打通绿水青山就是金山银山的价值转换路径，力争创成国家"绿水青山就是金山银山"实践创新基地。

1. 战略目标

经济强：以全域旅游带动旅游业及相关一、二、三产业发展，夯实经济高质量发展产业基础。

百姓富：以全域旅游促进乡村振兴战略，构建农村和农民收入内源增长可持续高质量动力机制。

环境美：以全域旅游践行生态文明，构筑江苏经济社会发展的绿色基调。

社会文明程度高：以全域旅游带动社会文明，以旅游市场消费需求反向拉动社会文明程度提升。

2. 重点提升"三大力量"

充分发挥旅游业的融合效应，培育促进县域城乡融合的产业力量

产业发展水平是一个地区经济社会发展的基础。溧阳把培育产业的力量作为县域治理的重要经济基础。溧阳以发展旅游业为基底产业的"四大经济"为重点，形成以效益农业为基础、先进制造业和现代服务业为主体的现代产业体系，以有质量的增量扩充、有效益的存量调整来提升总量、提高质量、优化结构，实现经济动能的转换，构建促进县域城乡融合的绿色增长模式和绿色产业结构。

充分发挥旅游业的生态转化效应，激活促进县域城乡融合的生态力量

生态建设是一个地区能够实现持续发展的关键。溧阳充分发挥旅游业的生态转化效应，着力探索环保倒逼发展，转向激励发展的体制机制，把激活生态的力量作为全域旅游开发的基础。溧阳在全域旅游引领的县域治理推进中，坚持在保护中开发，在开发中保护，切实把生态优势转化为产业、科技、人才等优势，打响绿色发展品牌，把生态文明建设水平作为衡量发展质量的重要标准，以产业升级促进环境升级，以城乡一体推动形态优化，以民生需求倒逼生态提升，建立起"绿水青山"和"金山银山"的双向转化机制，构建城乡融合的绿色城市形态和绿色生活环境。

充分发挥旅游业的融合效应，重塑促进县域城乡融合的文化力量

文化竞争力是一个城市的灵魂和特质，决定城市的品位。溧阳把重塑文化的力量作为文明城市建设的底色所在。溧阳以旅游业为文化重塑的载体，以培育城市气质为目标，在保护挖掘城市文化底蕴、塑造传承城市文化记忆载体的基础上，把形成具有城市个性的文化符号和发展现代教育作为重点，内聚人心、外聚人气，以实现县域人民生活方式的转变。

第三章 全域旅游引领下的溧阳县域治理模式系统阐释

溧阳俯瞰图

　　溧阳，地处苏浙皖三省交界，是长三角区域的节点城市。作为一个典型的县级市，面临着中国县域经济社会发展中普遍的难题——城乡关系问题。虽然不同的地域面临的发展问题各不相同，具体工作任务也不尽相同，但正确处理城乡关系，是我国县域政府所承担的核心工作之一。我国每个县都有不同的历史背景、自然人文禀赋、经济社会发展阶段，因此，每个县基于自身县域情况所进行的县域治理的模式各具特色。与众多县域不同的是，溧阳县域治理的突出特点在于，自90年代撤县设市以来，始终把旅游业作为县域治理、解决县域重点难点问题的重要工具，始终沿着正确的经济、社会、生态协同发展的道路，不断迭代、创新、升级。历届党委和政府坚守"功成不必在我"的信念，和"将一张蓝图绘到底"的决心，充分利用旅游业的经济、社会、人文、生态属性优势，用30年的不懈奋斗，成功探索出一条以旅游业统筹县域治理，引领经济社会全面发展的县域治理之路。

　　改革开放初期，在一穷二白的丘陵地上，溧阳人把旅游业作为县域治理中实现县域产业落地、经济发展的重要手段，创新把天目湖变景区，解决百姓吃饱喝好的问题，成功跻身我国百强县。随着经济社会的进步，县域产业发展的融合效应逐步展现，融合规模更大、融合范围更广、融合领域更深，这就要求县域治理模式也要发展变化，进行迭代升级，要从原来"部门分割、条块分割、区域分割"的多头管理模式，转变为"职能统筹、部门配合、全域管理"的党政统筹、综合管理的模式。

2014 年，国家经济正式步入新常态，经济发展从高速增长向高质量发展转变，经济模式由数量扩张转向质量提高，与此同时，县域治理中的主要矛盾从实现快速发展转变为谋求城乡融合发展。经济增长环境的变化以及县域治理中的主要矛盾的变化，对县域治理模式提出了新的要求。关于县域治理中的重点难点问题——弥合城乡差距的难题，究其本质原因，是城乡发展割裂，即割裂的城乡管理模式造成割裂的城乡经济社会。因此，只有县域治理模式跟随经济社会发展的变化，进行适应性调整，不断深化体制机制改革，才能更好地促进县域治理的发展，实现城乡融合。基于这样的背景，原国家旅游局提出全域旅游的概念，这是一种全新的区域协调发展理念模式，以旅游业带动和促进经济社会协调发展，旨在启动基层活力，转变县域发展理念和模式，让旅游业在统筹县域治理中发挥更重要作用。

溧阳就是在这样的背景下，在探索县域治理新模式新路径的过程中，继承并发展了溧阳在撤县设市初期以旅游业为带动的"四大经济"模式，再次将旅游业作为深化改革的突破口和县域治理模式改革优化的试验田。溧阳市充分把握旅游业"融合性强、覆盖面广、融合领域深"的特征，以及旅游业在统筹经济社会发展中的重要作用，充分发挥旅游业在景区之间、产业之间、经济社会发展间、城市和乡村间、县域治理体系和县域治理能力间的协同效应，积极推进以全域旅游为统领的县域治理模式创新，促进城乡融合，畅通县域经济社会发展的内循环，走出一条全域旅游统领县域经济社会发展、推进县域治理能力现代化的"溧阳县域治理创新之路"。

一、模式定位及理念

（一）模式定位

溧阳市在探索县域治理新模式、新路径的过程中，确定了以"生态创新、城乡融合"建设长三角生态创新示范城市的发展定位，以建设宁杭生态经济带最美副中心城市为发展愿景。以"生态创新"作为县域治理的着力点，以"城乡融合"作为县域治理的核心目标，以旅游业为生态底色产业的"四大经济"作为统筹县域经济社会发展的重要工具，以"全域旅游"作为县域治理创新的重要抓手。

"生态创新地"是现代化试点的战略路径,"城乡融合体"是现代化试点的奋斗目标,结合起来就是要按照"聚焦上海、接轨南京、对接深浙、联动皖南"战略部署,围绕产业美好、生态美丽、文化美妙、生活美满"四美"目标,坚持以发展先进制造、高端休闲、现代健康、新型智慧"四大经济"为抓手,以推动城乡经济协合、城乡环境契合、城乡生活翕合、城乡治理匡合"四项融合"为重点,以空间拓展与融入长三角协同谋划、生态涵养与城市美誉度协同推进、产业培育与新型城镇化协同互动、民生共享与功能辐射力协同发展"四个协同"为路径,系统打通绿水青山就是金山银山的价值转换路径①。

(二)模式理念

以全域旅游为抓手,以县域治理核心问题为目标,统筹城乡、实现城乡融合发展的模式。县域治理的核心:改变城乡发展不均衡状态,实现城乡融合发展。

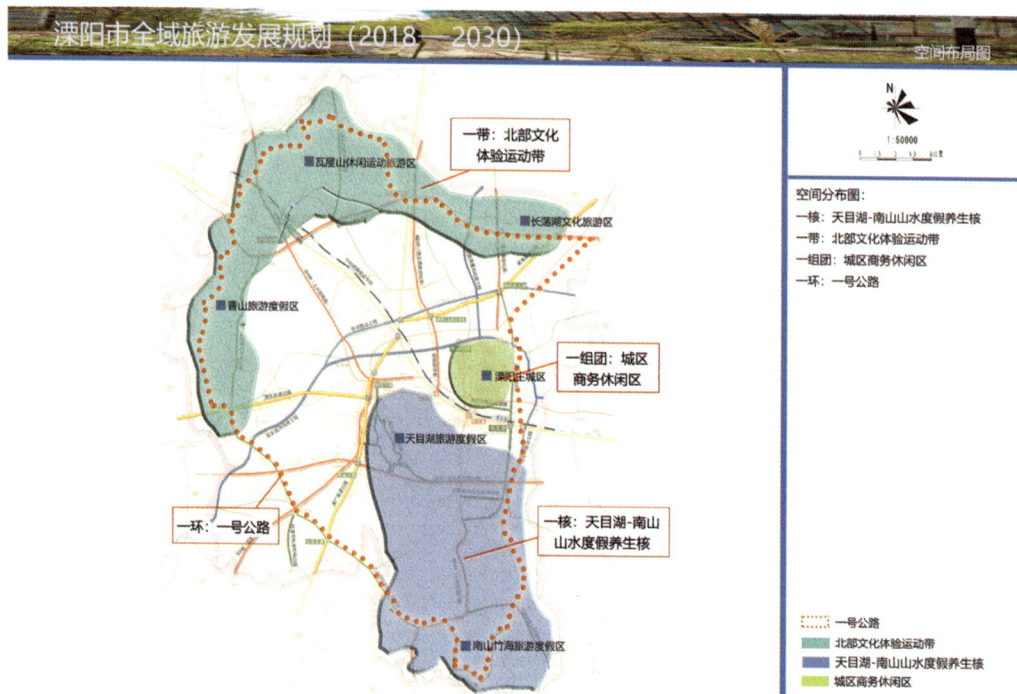

图 3-1　溧阳市全域旅游发展规划(2018—2030 年)

① 根据历年溧阳市政府工作报告整理。

1. 模式核心要义："生态创新"。以生态创新为杠杆，以全域旅游为支点，以县域治理为落脚点

全域旅游溧阳模式的核心要义是"生态创新"，即创新生态治理方式，把旅游业作为实现生态创新的"基底"产业。以生态创新为杠杆，以全域旅游为支点，把自然资源由单纯的"原生态"创造成新的表现形式，形成与生产、生活深度融合的"新生态"，从而更深层次释放生态红利、更广领域放大生态价值，让老百姓在"两山"理论转化中享受更多实惠，让县域经济社会实现可持续高质量发展。

2. 模式根本路径："三生融合"。以"全域旅游"为动力，以"三生融合"为路径，以县域治理为目标

溧阳将"三生融合"作为全域旅游的根本路径，形成"三山两湖一团城"的全域旅游发展格局，让生态底色为生产生活增色，生产资源让生态生活可享，生活空间让生产生态提质，实现县域城乡生态生产生活相融的多维统筹治理目标，走出了一条"处处绿水青山、家家金山银山、人人寿比南山"的全域旅游发展之路。获得了全国文明城市、国家园林城市、国家生态文明建设示范市、中国优秀旅游城市、中国长寿美食名城、世界长寿之乡和全省唯一的"中国天然氧吧"等美誉，先后入选国家城乡融合发展试验区、全国首批乡村治理体系建设试点。打造出国家 5A 级景区 1 处、国家级旅游度假区 1 处、国家 4A 级景区 1 处、省级旅游度假区 1 处、国家湿地公园 2 处，2019 年，溧阳市旅游总收入达 257.38 亿元，旅游总接待人数 2103.14 万人次，旅游增加值占 GDP 比重的 13.4%。

三生以生态为基础

溧阳旅游业与县域治理结合的过程，就是生态与经济发展融合的过程。"生态美丽"是溧阳县域治理之基，以全域旅游为抓手引领并带动城乡全域经济生态融合发展。从 20 世纪 90 年代"四大开发"开始，30 年来溧阳历届市委市政府坚定不移地释放生态资源优势，大力发展生态旅游业，为苏南发达地区探索生态与经济融合发展提供了示范样板。自 2016 年来，在全域旅游发展理念指引下，溧阳以践行"两山"理论为突破点，不断转化生态价值，为"绿水青山"和"金山银山"的双向转化提供了实践样板。

三生以生活为核心

溧阳旅游业与县域治理结合的过程，就是提升生活幸福感的过程。"生活美满"是溧阳县域治理之本，以全域旅游为抓手引领并带动城乡全域公共服务一体化发展，系统提供高品质生活和高水平服务，以实实在在的获得感、幸福感、归属感，满足人民日益增长的公共服务需求。**交通先行，串线成链，全域一体**。以"溧阳1号公路"为抓手，将全市主要的景区景点，220多个乡村旅游点、62个美丽乡村和特色田园乡村穿珠成链，成为随手一拍都是风景的"网红打卡地"，2019年吸引564.9万游客徜徉在溧阳的田园乡村之间，同时把沿线的农副产品带向千家万户，带动沿线10万农民增收。**增长补短，南北联动，融合发展**。多年来，由于溧阳南部山区旅游开发领先于以老区乡镇为主的北部山区，形成了经济发展和公共服务的"南强北弱"现象。为破解南北发展的不平衡和老区发展的不充分难题，溧阳市以北部山区的曹山为突破口，规划了曹山旅游度假区。依托曹山起伏的地形优势和长荡湖良好的原生态自然风貌，北部文化体验运动带，在加快完善旅游接待设施、提升旅游服务水平，加大力度引进运动休闲类、文化体验类项目建设，打造溧阳北部片区为苏南户外运动首选地、文化休闲体验地。曹山、瓦屋山、长荡湖"两山一湖"的整体打造和成功地与南京接轨融合，形成溧阳北部旅游集群，提升了全域公共服务水平。

三生以生产为目的

溧阳旅游业与县域治理结合的过程，就是提升经济发展质量的过程。"产业美好"是溧阳县域治理之根，以全域旅游为抓手引领并带动城乡全域经济社会高质量发展。从治山理水到显山露水，再到亲山近水，溧阳的旅游业发展和县域治理结合不断创新、逐步迭代升级。溧阳历任市委、市政府领导高度重视旅游业对促进县域经济发展的作用，不断提升旅游业对经济发展质量的带动，将一张蓝图绘到底。从"一枝独秀"到"春色满园"。从溧阳把小水库变成上市公司天目湖，集国家生态旅游示范区、5A级景区和国家级旅游度假区于一体，华东地区唯一，到全市冠以"天目湖"品牌的农副和旅游产品超过100只，天目湖白茶、天目湖鱼头等旅游品牌享誉全国。全域旅游示范区创建以来，溧阳以休闲度假、现代健康为核心的"四大经济"为产业发展方向，紧扣"中国长寿之乡"文化品牌，以"溧阳茶舍"为重点整合要素资源。在绿色生态旅游业的引领下，政策倾斜、资本回流、人才集聚、创意闪耀，百家茶舍应运而生，"清风朗月，溧阳茶舍"成为溧阳高端休闲的新品牌。"快乐家园"将33家闲置农房入股合作社经营民宿；大学生董翠返乡创业打造了晚秋山居民宿；海归博士仲春明回乡创办的"美芥树屋"成为业界明星品牌；知名设计师张婕的"曹山花居"吸引着寻找诗意生活的年轻人。完善康养服务接待设施，引进高端健康服务业态；深化产业融合，发展旅游特色农业、民宿产品体系，发展旅游特色产品制造，打造康养旅游、汽车营地等多种旅游新业态。在全域旅游的带动下，以旅游业为核心的"四大经济"发展成为促进城乡"发展可持续、环境更友好、群众得实惠、政府有收益"为基本特征的"幸福经济"。

3. 模式重要精髓："六个意识"

全域旅游既是新时期溧阳旅游业和县域治理融合的具体体现，又是溧阳旅游业和县域治理融合理念不断创新的结果。溧阳旅游业发展的"六个意识"是全域旅游溧阳模式的重要精髓，主要是蓝图意识、空间意识、生态意识、作品意识、生活意识、品牌意识。

一是蓝图意识。溧阳在1992年的时候就开始把旅游作为示范，作为重点发展的支柱产业来推进，并一以贯之，真正做到换人不换图。二是空间意识。溧阳在全域旅游推进过程中，不是就产品论产品，而是认识到空间是最大的资源和价值，政府主要做的工作就是搭台，通过搭建一个舞台来实现旅游发展创新无限的可能性。三是生态意识。在生态发展的过程中形成了生态之路，一条公路串联起若干个美丽田园、美丽乡村，形成以天目湖景区为龙头，美丽乡村百花齐放的互动共生、有机发展的旅游产业生态群落。四是作品意识。溧阳在创建全域旅游示范区期间，一直致力于推出可以沉淀下来的作品，促进旅游业向精致化、品质化的高质量方向发展。五是生活意识。溧阳明确提出"我的家乡和你的远方"的观点，把家乡和远方很好地结合在一起，用家乡概念拉进了与游客的距离，让远方的客人来欣赏美丽风景，享受高品质生活，让溧阳这个远方成为更多游客的"家乡"，在这里舒适地享受着高品质的生活方式。六是品牌意识。通过坚实的旅游作品支撑，树立起溧阳的网红形象，在彰显溧阳旅游业发展魅力的同时，为整个溧阳地区城乡发展赋予了品牌吸引力。

二、模式机制

（一）县域治理下的城乡融合机制

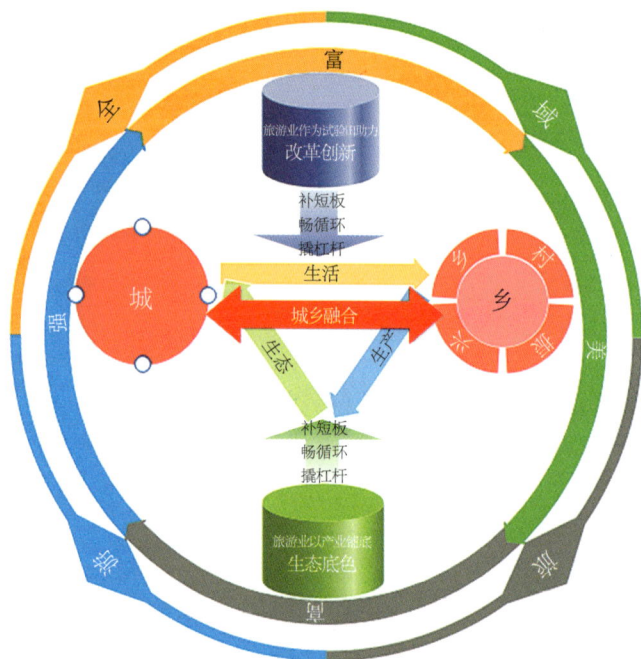

全域旅游溧阳模式内涵图

图 3-2　全域旅游溧阳模式内涵图

以全域旅游推进改革创新和铺垫生态底色两大抓手为作用机制

在县域治理中，溧阳市委、市政府提出县域发展要求：以"生态创新"为重点，积极推动城乡经济协合、环境契合、生活融合、治理匡合"四项融合"，让"城乡融合"成为溧阳高质量发展最鲜明的特征。

（二）旅游业作为试验田助力县域改革创新

我国 40 年改革开放的一个重要经验就是走一条渐进式改革的道路。改革开放初期，改革开放总设计师邓小平同志把旅游业作为中国改革开放的窗口产业。在我国深化改革的背景下，2014 年国务院出台了《关于促进旅游业改革发展的若干意见》（国发〔2014〕31 号文件）以及 2015 年全域旅游的提出，将旅游业作为国家深化改革的突破口[①]。自改革开放到深化改革，在国家治理体系中将旅游业作为重要产业工具的思路定位一脉相承。旅游业不仅是国家治理顶层设计中的重要产业工具，也是国家治理实践中的重要抓手。全域旅游溧阳模式的一个重要创新就是将全域旅游作为县域治理的突破口，把全域旅游示范区的创建和县域治理城乡融合的目标结合起来，二者形成有机的结合，将旅游业作为深化改革试验田，尝试解决全域旅游发展和城乡融合中的共性问题，在这个过程中不断推动县域治理体系完善与能力建设，实现全域旅游与县域治理共同进步、共同发展。

溧阳将旅游业作为县域治理中促进城乡融合的突破口和试验田，以创建全域旅游示范区为契机，在体制机制、业态融合、公共服务、科技服务、环境保护、扶贫富民以及营销方式等多个方面实施了创新举措。

1. 体制机制创新

改革开放 40 年，县域经济社会发生了巨大的变化。经济上，由弱到强，从计划到市场，从简单业态到复杂产业链。发展上，县域城乡发展从分割走向统筹，从以城市发展为中心走向乡村振兴、城乡统筹，从城乡二元发展走向城乡融合发展。这些变化对政府的治理能力提出新的要求，县域改革步入深水区。对于旅游业发展来说，旅游业全产业链条本身涉及不同领域，与此同时，广泛地存在多产业融合形态。因此，原来条块分割的旅游治理模式已经不符合旅游业的发展要求，需要政府治理能力跟上旅游业快速发展壮大的步伐，进行体制机制改革和创新，实现统筹且清晰的管理。基于城乡融合和旅游业发展对深化改革的共性要求，溧阳以全域旅游示范区建设为契机，对整个县域旅游领域治理的体制机制进行创新试验，推进整个县域治理能力创新，为溧阳本身推进城乡融合提供示范和创新保障。

溧阳全域旅游建设实践证明，党政统筹，多部门协调的体制机制，更能促进全域旅游创建和县域治理能力建设。一套由领导机制、协调机制、旅游综合管理机制、旅游统计制度、行业自律机制五部分组成的新型体制机制，奠定了溧阳成为国家全域旅

---

① 戴学锋. 改革开放 40 年：旅游业的市场化探索［J］. 旅游学刊，2019（2）.

游示范区的基础，也为溧阳推进县域城乡融合提供了保障。

2. 政策措施创新

政府治理能力在旅游业发展和城乡融合中扮演着至关重要的角色。旅游业是我国改革开放的窗口，是最早市场化的行业之一[①]。旅游业具有很强的社会事业性质，具有综合性、区域整体性和资源公共性等特征，使得政府在旅游业中能够发挥更重要的作用。特别是我国是以公有制为基础的社会主义国家，我国旅游业发展过程中政府更是起到了非常重要的作用[②]。旅游业作为政府推动改革创新的试验田，在全域旅游推进中的政策措施创新，同样能够在城乡融合发展中发挥重大的作用，具有重要的价值和意义。

县域城乡融合中的一个重要的难点，便是如何破解乡村资源利用的难题。在推进全域旅游示范区创建的过程中也难以避开这一难题。旅游产业经济加速发展，旅游景区和乡村旅游用地供需矛盾进一步凸显，景区设施建设用地不足逐渐成为影响旅游经济发展的重要因素，如何破解旅游项目建设用地也成为溧阳市亟须解决的重要问题。为解决如上问题，溧阳市创新政策，将荒山沟再利用，开辟乡村旅游新空间。戴埠镇望星谷度假村建设前是正兴矿所在地，废弃后留下了大片矿坑，遍地杂草。经过矿山复绿，改造林相，兴建木屋等一系列工程，投资 2.6 亿元，把荒山沟打造成了精品度假区，望星谷不仅生态修复成效显著，并且开发了度假酒店、房车营地、户外拓展等，成为长三角地区旅游链上美丽的明珠，每年接待游客 3 万多人次。

3. 业态融合创新

实现城乡融合，根本上需要依靠产业带动，旅游业是促进城乡融合的重要产业纽带。旅游业关联面广，产业融合能力强，从第一产业到第三产业，从基础设施建设到产品生产和销售，旅游业都能发挥作用，可以将旅游业作为城乡融合、产业转型的引擎产业和动力产业。基于旅游业融合发展与促进城乡融合的内在联系，促进旅游业的业态融合创新，是城乡融合发展的内在要求和重要动力。

溧阳市全域旅游发展注重多产融合，以旅游业发展为抓手引领产业发展，为城乡融合打造创新项目，项目涉及"旅游+乡村""旅游+红色文化""旅游+教育""旅

---

① 戴学锋. 改革开放 40 年：旅游业的市场化探索［J］. 旅游学刊，2019（2）.

② 宋子千. 旅游融合发展论［M］. 中国旅游出版社，2015.

游+农业""旅游+工业""旅游+水利""旅游+体育"等多种业态。溧阳市还以融合发展为方向，不断丰富旅游业态，近三年年均城乡游客接待增速达 20% 以上。溧阳全域旅游发展逐渐由被动的"+旅游"到主动的"旅游+"，荣获全国休闲农业和乡村旅游示范县、苏南（县域）国家体育产业示范基地、江苏省现代农业（渔业）产业园区、江苏省乡镇电子商务特色产业园（街）区等多种称号。"旅游+"为城乡融合提供了全套融合产业支撑。

4. 公共服务创新

城乡融合问题一个重要的表现就是农村基础设施建设长期落后于城市，农民人均可获得农村公共产品显著低于城市居民，农民对公共服务的均衡性需求得不到充分保障。旅游业是引领城乡交通基础设施、交通服务方式、公共厕所服务、生活环境等公共服务均衡发展的重要方式。

溧阳市在全域旅游创建过程中，围绕城乡交通基础设施、出行服务、生活环境等城乡公共服务，创新公共服务提供方式，促进城乡公共服务融合，实现主客、城乡共享。例如，2017 年，溧阳市将全域旅游创建和农村交通公共基础设施提升融合，将原本的农村路网提档升级，与旅游、生态、文化等元素有机衔接，全面建成全长 365公里的"溧阳 1 号公路"，这条网红"最美 1 号公路"以"三山（南山、曹山、瓦屋山）两湖（天目湖、长荡湖）"为中心，连接沿线的旅游景区、特色田园乡村，以路引景、为景串线。自然景观丰富，道路建设配套充分，把原本分散游离的自然资源和乡村景点连接成新的优质旅游资源，打通了全域旅游在城乡纵深扩展的神经末梢，农路变旅游公路，畅通城乡间要素流动，让城乡居民和游客共享"景城即生活"的高品质配套公共服务。

5. 科技服务创新

数字科技的发展为提升政府治理能力提供了新的手段，数字科技提供多种数据交叉复现功能，便于政府了解并把握县域治理中的真实情况，便于政府在城乡融合中进行经济调节、市场监管、公共服务和环境保护等各方面工作。数字科技不仅推进整个社会的治理变革，也成为社会资源配置的新势力，推动形成新的社会秩序，是公共服务要素在城乡间有效均衡配置的重要工具。而旅游业作为融合产业面最广、最大的综合性产业，旅游业是进行数字科技服务创新实践的重要领域。

游客作为拉动城乡经济增长的重要消费群体，随着自由出行游客占比越来越高，对定制化服务需求以及政府治理能力提出了新的要求。政府应有效对游客群体数据、客源情况、游客行为画像并精准掌握，才能更好地实现旅游业对城乡经济的综合带动作用。溧阳市将智慧旅游与智慧城市建设相结合，与中国电信股份有限公司常州分公司签约建设智慧城市大数据云平台项目，包括一个中心和四类数据，即云计算中心和公共服务库、公共业务库、公共基础库和时空信息库。项目主要是驱动数据，引领智慧，统一时空服务平台、集成服务平台、运维服务平台、应用服务平台、数据服务平台。项目建成后不仅为溧阳市智慧旅游服务，更为全市的整体发展提供战略基础，成为全市经济转型、产业升级、城市提升、推动城乡融合的新引擎、新动力，而且可满足政府应急指挥、决策分析和企业、个人对于信息查询、利用等各类需求。

6. 环境保护创新

在城乡融合中，生态环境与城乡居民生活幸福紧密相关。旅游业是"幸福"的生态产业，良好的生态环境是旅游业发展中重要的投入要素，也是重要的产出结果。同时，也是城乡环境保护创新的重要"试验基地"。

溧阳旅游发展得益于良好的生态，在全域旅游创建过程中，打造生态环境优越基底，使环境保护与旅游发展相得益彰。溧阳旅游从水库生态环境保护做起，2006 年溧阳市委、市政府就把水源地保护工作摆上议事日程，成立了溧阳市天目湖水源地生态环境保护工作领导小组，该领导小组每年将天目湖水源地生态环境保护工作列出指标，完成了生态清淤、退耕还草（林）、污水垃圾集中处理、生态户厕改造、全方位立体式治污等一系列工程，为全域旅游发展打下了坚实的环境基础，城乡环境保护与全域旅游发展，相辅相成，互相推动。

7. 扶贫富民创新

实现城乡融合，最关键的一步就是要壮大乡村，提振乡村产业，促进农民增收。旅游业是重要的富民产业，能够充分激发本地资源优势、带动就业和消除贫困。

为实现全域旅游示范区的创建成果全民共享，溧阳将富民与全域旅游发展结合起来，从源头实现旅游富民，溧阳市在创品牌、抓产业、补短板、促融合等方面采取有力措施。例如，在"溧阳1号旅游公路"的大力推广下，上海、苏锡常、南京、湖州等地相继开通了直达溧阳的直通车，溧阳许多乡村农庄依托溧阳丰富的旅游资源，与周边农户合作，探索"农庄 + 农户 + 民宿"模式，带动周边农户增收：一方面，通过租赁农户土地，并聘请农民种植定制化农产品，由农庄统一组织游客观光并购买；另一方面，将农副产品直接拿到店内作为旅游商品向游客出售，未能出售的农产品由农庄按市场价收购，作为赠品或菜品提供给游客。

8. 营销方式创新

促进城乡融合中的一个关键点是要提升当地，尤其是乡村地区的投资吸引力，促进要素在城乡间的双向流动。国内外发达地区旅游业发展实践证明，抓旅游就是抓开放，就是抓城乡环境，就是抓城乡形象，就是抓城乡经济，就是抓城乡和谐社会建设。溧阳创新将旅游营销和城市窗口推介结合，将旅游业作为扩大对外开放、促进经贸合作、提升城市品位、吸引人才和资金的窗口。全域旅游创建过程中，溧阳将旅游节庆活动、投资招商活动、经贸洽谈活动等多目标活动合为一，形成中国溧阳茶叶节与天目湖旅游节等一系列活动，这些活动已成为溧阳打造旅游、文化、城市名片的重要载体，成为展示溧阳城市形象和经济社会发展成果的重要窗口。为了提振乡村经济，促进城乡融合，溧阳加大旅游营销投入，拓展节庆活动领域，以乡村为基地，以乡村旅游为抓手，举办了宋团城观灯节、爱情泼水节、丰收节等特色节庆活动。全年举办长寿文化节、各类水果采摘节、美食节、风光智跑等节庆活动 30 余项。旅游业的发展促进溧阳知名度提升，叫响"美音自在溧阳""上有天堂，下有苏杭，出了苏杭，美在溧阳"的口号，提高溧阳旅游知名度和市场竞争力的同时，提升了对外投资吸引力，入选胡润 2020 中国最具投资潜力区域百强榜，到溧阳投资考察的优质企业越来越多，提升了溧阳全域知名度。

（三）旅游业作为产业工具铺底县域生态底色

1. 从绿色产业到生态铺底产业，从"四大开发"到"四大经济"——县域治理中旅游业产业工具角色的继承与发展

溧阳撤县设市伊始，在县域治理中将旅游业视为绿色产业，通过"四大开发"（昆仑经济技术开发、丘陵山区综合开发、天目湖风景旅游开发、苏浙皖边界市场开发），一步步把水库变成天目湖、把丘陵山区变成万亩茶园果园、把废弃矿山宕口变成燕山公园，实现了旅游业本身的产业和生态价值，带动并实现了水库、丘陵山地、

废弃矿山向旅游景点的转变，旅游景点多点开花，用绿色点缀了溧阳，旅游景点创建的同时实现了自身生态环境的提升。

全域旅游示范区自创建以来，溧阳致力把生态创造价值，让百姓在价值链里享受更多实惠，于是，在继承20世纪90年代初期"四大开发"时将旅游作为绿色产业治理工具的基础上，发展为"四大经济"（先进制造经济、高端休闲经济、现代健康经济、新型智慧经济）中的生态铺底产业。通过把一条农村路变成"溧阳1号公路"，将全域景点和乡村田园、城市和乡村更好地连接起来，不仅把乡村田园变成"网红打卡点"，提振了乡村经济，还通过大力发展建立在生态基础上的"四大经济"，催化生态与产业、科技、人才的融合，通过良好生态环境吸引南京优质教育医疗资源的落户，带动城乡生态与公共服务、生活方式的融合，走出一条"绿色现代化"之路。

2. 全域旅游攻坚全域环境，擦亮城乡融合的生态底色，实现生态创新

全域旅游建设中，溧阳以旅游业攻坚全域环境，让生态力量转化为产业力量，铺底生态底色，释放生态优势，打出溧阳生态品牌，从而进一步吸引生态友好型的高科技产业的落地。溧阳以全域旅游推动"生态创新"，即指在区域竞合中以生态作为基础变量、核心资源和比较优势，吸引产业、科技、人才等与其聚合裂变，带动城乡空间、公共服务、生活方式与其融合嬗变，系统打通绿水青山就是金山银山的价值转化路径，从而在更大范围内实现以生态推动区域分工协作、城市能级提升的创造性实践。让生态创新成为溧阳引领示范长三角的核心特质。聚焦建设长三角生态创新示范城市，全面释放生态优势，聚合高端创新资源。

在全域旅游的生态创新实践中，擦亮了城乡发展的产业基础、生态基底。溧阳通过开展"263"专项行动，先后实施了矿产品生产运输秩序与整治、化工企业高标准整治、畜禽养殖污染治理、矿山生态复绿等系列措施。天目湖镇积极推进《天目湖水源地保护行动方案》，完成天目湖流域生态科学观测站、沙河、大溪水库临湖面茶园整治、平桥集镇投资50万元新建了生态环境保护警示教育基地。强化污染防治，夯实绿水青山本底。先后完成化工企业安全环境整治提升22家、退出5家。先后关闭取缔172家"散乱污"企业，完成78家重点单位废气治理。投入1.7亿元深化天目湖水源地治理，基本完成区域治污一体化建设，"一口一策"整治城区河道排污口91个，国省考核断面、水源地水质达标率100%。建成城市固体废弃物综合处置中心。

完成了交通干线沿线环境整治、规划发展村庄综合整治、农村河塘整治、农村生活垃圾整治、城区水环境等专项整治工作，获评全省首家"中国天然氧吧"、创成国家节水型城市、通过国家园林城市考核验收。

3. 全域旅游让生态力量转化为促进城乡融合的产业力量，释放生态价值

溧阳在全域旅游创建中，积极推进旅游与其他产业融合，让旅游所创造的生态力量，转化为促进城乡融合的产业力量。

溧阳以美意田园行动作为乡村旅游总抓手，探索建立以政府主导的市属国有公司为核心，村民、村集体、社会资本三方合建的产业机制，负责乡村旅游的规划建设、运行保障、宣传策划、项目招商等，让试点村成为"网红村"，打造了 4 个全省首批特色田园乡村试点村，旅游人次从 8.2 万增加到 75 万，获得省政府办公厅督查激励，是全省获此殊荣的唯一县市。如：礼诗圩村的共享小院、共享菜园、共享厨房；牛马塘的乡村美学；塘马村的闲置房屋被打造成陈列溧阳民间手工艺品，包括剪纸、烙画、傩文化面具和一些老家具等手工制品的乡村记忆"博物馆"；杨家村通过引进蓝城集团，采取政府平台＋企业＋村集体模式，返聘村民为产业工人，发展特色农业品牌，开发乡村旅游项目，通过农旅融合激活乡村经济造血功能。杨家村、塘马村、牛马塘村、礼诗圩村被命名为全省首批特色田园乡村。"苏南第一方，庆丰稻花香"探索溧阳圩区乡村振兴新路径。"美意田园"催生"田园经济"，"溧阳 1 号公路"入选全国美丽乡村路。"清风朗月·溧阳茶舍"成为溧阳旅游休闲的新名片。获评全国十佳体育旅游目的地。2019 年全年接待游客突破 2000 万人次，实现旅游总收入 252 亿元。实现农旅收入 40 亿元，带动 5.4 万农户增收。

4. 全域旅游形成生态品牌，成为县域吸引创新产业落地优势，释放品牌价值

溧阳全域旅游打出溧阳全域的生态品牌，不断打响溧阳的知名度和美誉度，国家生态文明建设示范市的"金字招牌"越发亮丽。生态品牌价值彰显，5 年引进百亿项目 6 个，实现本土企业"上市梦"。溧阳名居全国县域经济综合竞争力百强县（市）第 25 位、中国工业百强县（市）第 24 位、全国营商环境百强县（市）第 27 位、中国未来投资潜力百佳县（市）第 5 位。

每年溧阳市委宣传部、溧阳市文体广电和旅游局及各部门为城市形象宣传投入大量资金。此外，溧阳根据自身社会经济发展的实际情况与旅游市场的客观实际，给予旅游目的地品牌打造以更高的战略定位，将目的地品牌建设纳入区域品牌建设的大框架中，不断加大对目的地旅游营销的经费支持，溧阳市旅游营销专项资金总额达4528.02万元，打出溧阳全域的生态品牌。推出"美音自在溧阳"的城市主品牌，并推出"天目湖""溧阳1号公路""溧阳茶舍"等子品牌，发挥"旅游+"效应，多部门联合开展"中国·溧阳茶叶节暨天目湖旅游节""中国·溧阳爱情泼水节暨1号公路情歌音乐节"等系列主题活动，进一步提升溧阳市生态品牌的知名度和影响力。

5. 全域旅游为生态基底的"四大经济"，释放高质量发展新动能，带动城乡向纵深融合

2016年8月，溧阳市委市政府抓住经济新常态时代特征，立足国内外、周边区域以及自身城乡发展实际，将制造、休闲、健康、智慧的"四大经济"设定为溧阳未来经济发展的主要方向。实现"四大经济"的一个共同基础是"生态"。2016年11月入选第二批国家全域旅游示范区创建名单。溧阳趁势抓住全域旅游能够为"四大经济"以及"城乡融合"铺垫"生态基底"的作用，以全域旅游为抓手铺底，把全域环境提升作为增创发展优势的关键之举，着眼长三角一体化发展大局，着力探索生态创新形式，增强溧阳生态优势，吸引外部创新力量，推动全域环境提升，通过筑牢生态环境根基，提升城镇环境品质，做美农村环境面貌，打响营商环境品牌，在更高层次上实现生态环境价值，释放县域"四大经济"高质量发展新动能，带动城乡向纵深融合。

首先，在县域治理顶层设计中突出旅游产业的主导地位。溧阳市明确全域旅游产业发展定位，以创建国家全域旅游示范区为契机，通过市委市政府统筹协调，以《溧阳市国民经济和社会发展第十三个五年规划纲要》《关于加快推进全域旅游发展的实施意见》《关于进一步加强四大经济招商工作的通知》为核心，不断强化旅游产业在溧阳市经济发展中的主导地位，形成系统化的全域旅游发展政策支持体系，全方位保障旅游业发展。

其次，将旅游产业范畴拓展至休闲经济，突出全域旅游在全市"四大经济"中的重要性。为强化旅游产业的经济属性，溧阳市创新"休闲经济"以扩大旅游产业内涵，2016年7月，出台了《关于实施向休闲经济拓展三年行动计划的意见》，把休闲经济作为推动经济结构升级的关键举措，提出了一系列指导意见。

尤为重要的是，由党代会决议确定全域旅游重大工程。实施全域旅游开发战略，是溧阳市十二次党代会确立的"三大工程"之一，由此确定了全域旅游战略在溧阳的地位和高度，并形成共识，强势推动。

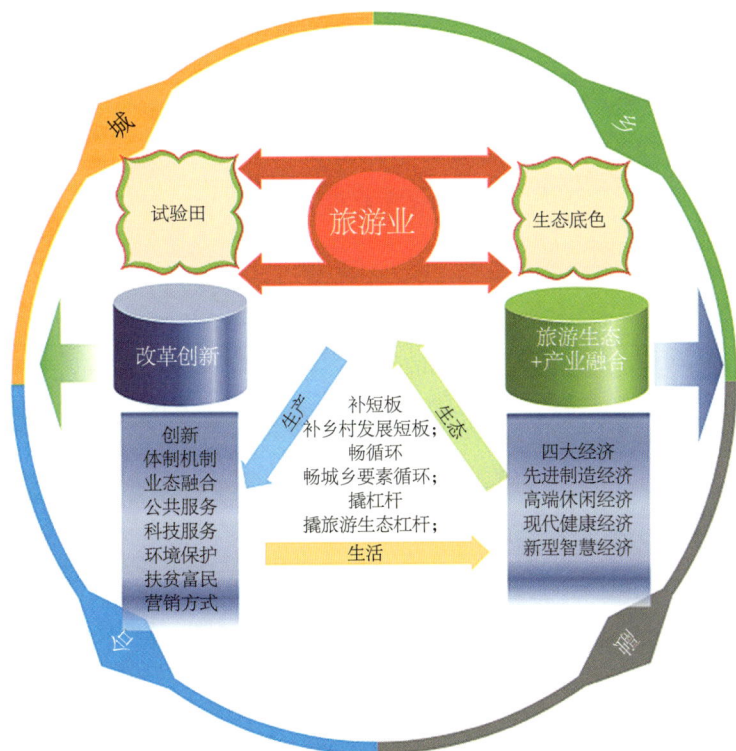

全域旅游溧阳模式机制与路径

图 3-3　全域旅游溧阳模式机制与路径

三、模式路径

（一）补短板——带动乡村振兴补发展短板

全面推进乡村振兴关键在于激发内生活力，增强内生发展动力，提升内生发展能力，走内生型乡村振兴之路。

1. 全域旅游补乡村产业发展短板

产业是乡村发展的基础，由于城市对乡村的虹吸效应，造成城乡之间，要素从乡村到城市单向流动，使得乡村发展面临产业空心化的难题，这是乡村发展面临的最核心的问题。因此，急需为乡村打造新的产业体系，激活乡村既有要素资源，增强乡村产业的活力，从而引入人才、资金等资源要素，促进城乡间要素的双向流动，是乡村实现振兴的根本所在。全域旅游是新的产业发展路径，"融合"是全域旅游的核心特征，全域旅游的发展模式是把以旅游为核心的"一揽子产业"注入乡村中，增强乡村发展的内生动力。

溧阳通过创建全域旅游，从单一景点景区向综合目的地服务转变，将原本局限在景点景区内部的资源，引流到广大的乡村地区。为乡村带来了产业，带来了就业。"溧阳1号公路"开通，山水田园吸引了大批工商资本下乡，打通了人才、资本、项目回流通道，大量有知识、有视野的年轻人回到了乡村，3年来溧商回乡创业项目26个，总投资59.8亿元。形成多主体参与、多业态打造、多要素集聚、多种功能价值共同实现的乡村产业发展新格局。"轻度""芷兰秋""青峰仙居"等百余家高端休闲民宿应运而生。一批文创、电商、直播、团建等新模式的"乡村创客"渐成气候，带动电商交易额突破140亿元，获评江苏省农村电子商务示范县。

2. 全域旅游补乡村治理发展短板

旅游业是软硬兼备、融合度高、覆盖面广、拉动性强的综合性产业。旅游业是国家治理的重要产业工具，在乡村治理中发挥着更加重要的作用。全域旅游的核心在于改革创新，在于改革不适应旅游业发展的体制机制，由于旅游业涉及面广，这些不适应旅游业发展的体制机制，也广泛存在于其他产业中，广泛存在于乡村治理、县域治理和国家治理中。因此，发展全域旅游，进行体制机制改革创新，有助于完善乡村治理能力建设，为乡村振兴奠定良好的治理格局。

溧阳以"溧阳1号公路"实现乡村空间景观化为契机，出台撤并村庄农房改建迁建政策，推动农房建设向规划发展村集中，聚力农村宅基地"三权分置"改革，实施庆丰村等10个村宅基地有偿使用、有偿退出，唤醒了农村闲置土地、山林、农房等资源，将闲置宅基地和老房子改造利用、对外招商，推动乡村资源的增值。通过入股、置换、租赁、集体资产盘活等方式，塘马村合作社流转50亩闲置土地每年创收300多万元。李家园村富民资产专业合作社以村民闲置农房入股经营乡村旅游，每户社员年均分红超4.5万元。

【案例 3-1】以资产为纽带创合作富民新路

1. 基本概况

富民资产专业合作社位于戴埠镇李家园村，2010 年 11 月 1 日，在市委农工办、工商局等相关部门的大力引导和支持下，正式取得了营业执照，主要业务范围包括为社员提供资源管理、房屋租赁服务、物业管理和农业休闲观光。目前，全社拥有 33 户，均以空房等闲置资产入股，交由合作社统一经营和管理，通过有规模、有组织的兴办农家乐，达到农民增收致富的目的。2018 年，全社餐饮接待游客近 30 多万人，营业收入 1500 多万元，上缴税收 100 多万元，扣除成本开支后，净利润达 300 多万元，合作社股民分红 200 多万元，成员户均增收 4.5 万元，并带动了当地土特产的旺销。此外，合作社还吸纳周边 100 多位农民就业，每年工资性支出达 200 多万元。

2. 经验和做法

（1）创新合作形式

富民资产专业合作社内部建立了各项管理制度，设立了专职的管理机构（包括财务、安全、接待、卫生等），进行全程式服务，一体化操作。合作社的农民分别自行出资，将自家多余房屋由合作社统一设计，按二星级标准装修好，交给合作社统一管理。合作社根据房屋地理位置和内设床位数量，给予农户保底分红。农户的装修费用按床位分摊，一般每个床位成本为 4200 元，分摊标准为临街房屋的床位 1500 元/年，其次 1400 元/年，最次 1300 元/年，这样，出资装修的农户在 3 年之内便可收回成本，之后就开始盈利。以某社员为例，他家装修了 60 张床位，一年可拿到保底分红款近 9 万元。

（2）丰富服务内容

目前，富民资产专业合作社提供农家乐服务的主要内容包括：（1）住农家屋。合作社现有床位 500 张，旅游旺季，每个床位收费 70~80 元。（2）吃农家饭。合作社设立的旅游接待中心可同时容纳近千人就餐，在这里，花上 300~400 元，就能让七八个人好好享受一下正宗的农家饭、山里新鲜土菜等美味佳肴。（3）干农家活。合作社周围有各种瓜果、茶叶等种植园，在这里，游客们可以亲手采摘喜爱的瓜果蔬菜，既能吃上新鲜的产品，又能体验农家采摘的乐趣。（4）赏田园风光。李家园村拥有美丽的田园风光，在这里游客能充分体验到休闲、放松、安全、简朴和回归自然、返璞归真。此外，应游客要求，合作社还可以安排游客自由组团前往溧阳其他农庄进行游玩。

（3）开拓营销市场

市场是合作社生存的基础，合作社组织成员多方面进行市场开拓。一是与外地旅行社合作。目前，合作社已与上海、浙江等地100多家旅行社建立了联系，通过外地旅行社，有效宣传、推介溧阳旅游特色，吸引外地游客前来消费，从而拉动农家乐发展。同时，合作社还与上海两家大型旅行社签约，在这两家旅行社设立了"上海——溧阳3日游"专线。二是与外地农家乐合作。合作社先后组织内部成员多次到浙江等地农家乐实地考察，一方面学习他们先进的管理经验，另一方面加强与他们的互动合作。一些浙江等地农家乐的游客，听了当地农家乐的推荐，又慕名来到溧阳，同样合作社的游客也慕名去了浙江等地，异地同行之间的竞争关系也因此转换成了合作关系。三是与外地社区合作。合作社与上海等周边地区的社区联系，以当地55岁以上、有闲暇时间和富余资金的人群为主要招揽对象，进行广告宣传，同时给予一定的优惠政策。四是建立异地旅行社。为了保证有稳定的客源，合作社现已在上海设立了两家自己的旅行社，保证了农家乐拥有稳定的客源。

（4）产业融合区域联动

经过5年时间的摸索和实践，合作社积累了一定的管理经验和市场客源。经过前期充分的考察和调研，合作社将目光转向了乡村资源环境和地理位置都非常优越的戴埠镇松岭村，在保护生态环境的前提下，打造了一个崭新的乡村旅游开发项目——竹海漂流。竹海漂流上游至松岭村，途经4个美丽乡村，下游至上横涧村。漂流全长4.8公里，最大落差约50米，激流区15处，弯道20处，游程约2小时。该项目以漂流为核心，并配有农趣体验园、蔬果采摘体验区。以动感时尚的多元化乡村旅游产品为载体，沿线开发美丽乡村、发展民宿农家乐，充分利用现有国家政策和松岭村、南渚村、横涧村的山区资源，推动区域化联动发展，从而做到春天踏青赏花，夏天避暑漂流，秋天休闲采摘，冬天运动滑雪。让游客体验到景在村中，村又在景中的感觉。

资料及数据来源：根据实地调研情况及溧阳市提供的相关材料整理。

3. 全域旅游补乡村生态发展短板

旅游业是实践"两山"理论，建设生态文明的最佳领域之一。溧阳以"两山"理论为基础，确立了以"处处绿水青山、家家金山银山、人人寿比南山"为理念的全域旅游发展模式，突出乡村绿色发展，生态文明，生活宜居，促进乡村生态环境和乡村景观风貌的保护，构建乡村绿色可持续发展的生产格局。

溧阳市推进城乡环境同步治理，补齐乡村生态发展短板。通过大力推进美丽乡村和特色田园乡村建设，开展"美意田园行动"，全力改善农村人居环境，提高农村道路建设、农村规划管理水平，着力实施交通干线沿线环境提升、村庄环境综合整治、农村河塘综合整治、农村生活垃圾整治、生态公墓建设和散坟整治等工程，让全市农村人居环境更上一层楼。目前，创建省级村庄环境整治试点村 13 个、国家级生态村 5 个、省级生态村 10 个，实现了国家级生态镇全覆盖。获得国家卫生城市、全国文明城市、国家生态文明建设示范县、全国森林旅游示范县多项殊荣。

4. 全域旅游补乡村文化发展短板

习近平总书记指出"要让居民望得见山、看得见水、记得住乡愁"。文化是旅游的灵魂，旅游是文化的载体。全域旅游强调"融合"，即产业融合、区域融合、时空融合。文化和旅游融合便是时空融合的重要表现形式。文化流存于时间，旅游活动于空间，文旅时空融合能够让乡村文明通过文旅融合的时空通道得以延续兴旺。

溧阳推动特色田园乡村建设，采用旅游贯穿、文化先行模式，形成了以设计大师、地方政府、机关部门、国有公司、乡村工匠、农民乡贤等多方联动的局面，注重挖掘特色文化、自然风貌及田园风光，形成一村一景、一村一业、一村一特色，用乡土材料、乡土表情，让丘陵山区更具山村风貌、平原地区更具田园风光、河网圩区更具水乡风韵。让田园牧歌在乡村复兴，展现精神焕发的农村、活力四射的农民、生机勃勃的农业。

此外，溧阳在打造特色田园乡村过程中，为了充分挖掘和利用溧阳的乡村茶园资源、发挥溧阳茶产业和茶文化优势，2017 年溧阳市政府发布了《溧阳市鼓励和促进"溧阳茶舍"发展的实施意见》，提出了"溧阳茶舍"的概念，即指溧阳市行政区域内（城镇建成区域除外），利用（包括自有和租赁他人、集体）依法建设的房屋（包括空置农房、闲置的村集体用房或国有农林厂房等），融合当地人文景观、自然景观、生态环境资源及农业生产活动，以旅游经营方式，为游客体验乡村生活提供住宿及餐饮的休闲度假场所。2018 年制定出台了《溧阳茶舍（精品民宿）等级评定标准》，鼓励发展具有溧阳茶乡特色和地域风情的主题精品民宿产品，充分将文化融入乡村旅游建设的每一环节，以旅游的方式活化乡土文化，延续乡土文化的生命力。

【案例 3-2】李家园村——核心景区带动模式

1. 简介

李家园村位于江苏省溧阳市南山景区管委会、溧阳市戴埠镇，地处溧阳最南端，是苏浙皖三省交界处，有"鸡鸣三省地"之称，全村背靠南山竹海和御水温泉两个国家 5A 级旅游景区。全村总面积 15.85 平方公里，其中耕地 2308 亩，山林面积 2 万亩。全村有 22 个村民小组，1152 户居民，总人口 3459 人。先后获得"溧阳市十强村""常州市新农村建设十强村""江苏省卫生村""江苏省康居示范村""绿色江苏模范村""江苏省社会主义新农村建设先进村""江苏省民主法治村""江苏省省级村庄建设与环境整治试点村"等荣誉称号。2018 年 10 月 8 日，农业农村部拟将该村推介为 2018 年中国美丽休闲乡村。2019 年 7 月 28 日，入选首批全国乡村旅游重点村名单。

2. 发展模式特色

近年来，随着南山竹海景区的开发。农业观光旅游悄然兴起。李家园村审时度势，在狠抓传统农产品项目转型升级的同时，积极引导农民围绕高效观光农业，进行丘陵山区开发和产业结构调整，大力发展前景好、见效快的农产品项目。在建成 1600 亩优质茶园的基础上，又开发了早园竹、水晶梨、青梅、枇杷、银杏等生产基地 300 多亩；养殖业开发了海龙、种兔、肉鸽等 7 个项目 10 余个品种。这些项目，不仅搞活了农村经济，增加了农民收入，也给李家园村带来了一道亮丽的自然风景线。李家园村生产的南山寿眉牌茶多次荣获陆羽杯名茶评比特等奖。

李家园村及时抓住南山竹海旅游业大发展的契机，拉长旅游产业链，把全村的资源优势转化为商品优势。一是积极参与开发旅游项目，增加旅游景点。开发完成了竹乡一条街一期工程建设，参与了景区内的竹筏、野生动物园、古井茶庄等项目的建设，为景区增加了景点。二是积极兴办第三产业，丰富旅游内涵。全村已有大小饮食服务企业 23 家，小商品流通企业 28 家，三产产值超过 2000 万元。三是积极开发旅游特色产品，提升旅游产品竞争力。

3. 可借鉴经验

（1）完善的乡村规划体系

李家园村是溧阳发展较早的旅游村，由于早年依靠景区、自发生长，制约后续发

溧阳李家园村

南山竹海古街

溧阳茶舍 - 南橘野舍

鸡鸣村

展。全域旅游示范区创建以来，溧阳市强化了对乡村旅游规划的设计，乡村规划体系从以往的"重空间轻产业"转变为"产业空间并重"。全新的乡村规划体系包括乡村发展规划和乡村空间规划，注重乡村治理手段和可持续实施工具，全面考虑了乡村生态、生产、生活空间的联系与融合，将乡村产业提升、经济增长结合起来，从根本上释放了乡村未来的增长潜力。

（2）培育特色乡村资源要素

为村民提供更多增收途径，李家园村积极推动以旅游业为核心，促进一、二、三产业融合发展，延伸农业产业链条，实现产业"接二连三"，实现乡村经济多元化增长。李家园村通过积极开发茶、栗、竹、果、野菜、特种养殖等上百个土特产旅游特色产品供游客选购，致力于提升旅游品位。旅游业的开发，给李家园村民带来了实实在在的效益，全村人均收入中一半以上来自旅游及相关产业。

资料及数据来源：根据实地调研情况及溧阳市提供的相关材料整理。

【案例 3-3】庆丰村——节庆活动品牌带动模式

1. 简介

庆丰村位于南渡集镇西侧，因原庆丰乡驻地而得名。溧强公路、上沛河穿村而过，村域面积 6.1 平方公里，辖 20 个自然村、33 个村民小组，有农户 1058 户、户籍人口 3358 人。庆丰村土地平坦、土壤肥沃，有 2 个万亩圩、4 个千亩圩，特别适宜水稻、油菜等作物生长，筹建于 2009 年的"万亩丰产方"核心区域就位于村内，时任省委副书记石泰峰称其为"苏南第一方"。但由于缺少山水资源、产业单一、人口外迁，庆丰的年集体经济收入始终跨不过 50 万元的关口，集体经营性收入更是不足 3 万元，是溧阳市有名的经济薄弱村和脱贫攻坚帮扶对象。

2. 发展模式特色

从 2019 年开始，庆丰村奋力投身乡村振兴大潮，大力开展美丽乡村建设，积极推动农旅融合，短短一年多，一个经济薄弱村迅速"C 位"出道，水稻田、青蛙雕塑、旧时茅店、田间石桥等都成了网红打卡点，村庄面貌和村级集体经济发生了翻天覆地的变化。

（1）水稻产业红了

庆丰的老百姓世世代代靠种植水稻为生，但守着"万亩丰产方"，却陷入了丰产不丰收的困局。令他们没有想到的是，利润微薄的水稻产业，在插上技术和旅游市场的翅膀后，会变成"致富稻"。2019年，南粳46号水稻被评为全国稻米品质大赛金奖第一名，每斤售价超10元，远高于市场普通稻米的价格。同时，庆丰村推广"认养农业"，2019年，庆丰村仅通过稻米认养和出售，就实现直接盈利50多万元。

（2）村庄环境美了

深入开展农村人居环境整治和美意田园行动，丰产方沿线的蒋家、陆家、杨家3个自然村环境面貌"脱胎换骨"：乱批乱挂不见了，900多平方米的违章搭建一扫而空；曾经脏乱的河塘变清了，"水清、草茂、鱼肥、鸟翔"的美好景象重现眼前；杂乱的庭院变整齐了，家家户户门口种上了花卉，庭院环境在村民自管下优美而宜人。来到庆丰的都市游客忍不住赞叹，这里既有儿时村庄的模样，又充满现代农村的气息。

（3）乡村旅游火了

"好多年没看到村上有这么多人了，连几十年没联系过的亲戚都跑回来看看村里的新气象。"村民们自豪地说。从成功举办中国溧阳第一届"四美"丰收节，到南渡镇"春花秋柿"植树节，再到"春天里的灯会""田里风筝节"，活动一期接着一期，让庆丰的人气始终居高不下。2019年"四美"丰收节期间，庆丰日均接待游客近3万人，目前，庆丰游客接待量已突破100万人次，跃升至溧阳第四位，仅列天目湖、南山竹海、七彩曹山等国家级、省级旅游度假区之后。

（4）百姓生活富了

面面俱稻面馆、庆丰馒头店、炒米高咖啡、瓜瓜奶茶店、米酒工坊、团子小姐、巴老爷爪子等美食店，吸引了大量的粉丝，庆丰馒头店每天做3000只馒头，刚出笼就被一抢而空；浅吟小酒馆、鹭堂茶室、风吹稻花民宿等新业态，更是火爆异常。伴随着超高人气的是旅游消费的直线飙升，青蛙集市的商品、村民家的农产品供不应求。2019年，庆丰村的集体经济收入达到260万元，其中经营性收入130余万元，村民人均收入从2016年的1.58万元跃升至2.2万元，"村强民富"已成为庆丰的现实模样。

（5）乡风民风好了

庆丰村里有一个"蔷薇红"党群小院，里面悬挂的《睦邻有约》就是村里的行事依据，也成了庆丰人恪守不渝的行为准则。党群小院也是村里的百姓议事堂，财务、建房、道路、治安、教育等群众关心的事情，能不能做、怎么做，都由大家一起商量着干。群众的思想统一了，干劲儿也更足了，村里的管理也更加顺畅有序，村庄呈现出一幅"景美人和"的和谐幸福画卷。庆丰村围绕推进农旅融合来建设，乡村面貌焕然一新，乡村发展既有"面子"，更有"里子"。

3. 可借鉴经验

没有一种成功是偶然的。庆丰的爆红，从表面上看似偶然，但却是溧阳市大力推进全域美丽乡村建设与庆丰干部群众的创新实干碰撞出的必然。剖析庆丰成功"C位"出道的经验做法，可以找到全域旅游乡村振兴的正确打开方式。

（1）坚持党建引领，走出一条振兴之路

党的领导是最大的政治优势。近年来，在推进美丽乡村建设实践中发现，凡是搞得好的乡村，都有一个战斗力、组织力、号召力强大的基层党组织，特别是有威信、有思路、有办法的党组织书记，没有这些优秀基层书记、基层组织的努力，就没有这些美丽乡村示范项目的成功推出。庆丰能在短时间内奋起直追、后来居上，就是最好的例子。建好美丽乡村，必须建强基层党组织，特别是要选优配强村支部书记，村支书既要熟悉村情民情，又要有家乡情怀；既要踏实肯干，又敢于开拓创新，才能把这项工作做好。

（2）坚持改革创新，才能走出一条活力之路

只有敢于走别人没有走过的路，才能收获别样的风景。庆丰能实现从经济薄弱村到美丽乡村的弯道超车，离不开大胆探索、创新实干。建设美丽乡村，要有敢闯敢试的胆气，大胆改革，勇于创新，推动各项涉农改革在农村落地见效，用改革激发农村活力；要有敢于冒尖的闯劲，不因循等待、观望犹豫，看准就上、一马当先，善于运用新技术新手段整合自身优势、打造特色亮点，脱颖而出、引领潮流；要有开拓进取的锐气，不小成即满，始终保持创业的激情、创造的追求，不断推陈出新，提高经营内容的丰富性和项目的多样性，保持美丽乡村的吸引力。

庆丰村"四美丰收节"

庆丰村夜景

庆丰村夜景

庆丰村

（3）坚持因地制宜，走出一条特色之路

每个村庄的资源禀赋不同，面临的发展问题也各有差异。建设美丽乡村，关键是坚持因地制宜、突出本地特色。庆丰之所以能成为网红地，也正是突出了"特色"二字，他们抓住了"万亩丰产方"这一独特资源，在做足谷物丰收文化的同时，引进各大艺术院校，让稻田与艺术相映成趣，让农村也可以很文艺。因此，推进美丽乡村建设，要立足当地资源禀赋、传统习俗、文化特色，强化规划引领，发展特色产业，充分展示不同村庄的个性、风格和内涵，一村一韵、错位发展，让美丽乡村真正"注意乡土味道，保留乡村风貌，留得住青山绿水，记得住乡愁"。

（4）坚持多元合作，走出一条共赢之路

美丽乡村建设前期开发投入大，后期运营成本高，仅靠政府投入是不现实的，还需要社会和村民的共同参与，通过多元合作推动美丽乡村可持续发展。当前，溧阳市部分美丽乡村建设示范项目，陷入建设容易、运营难，建成容易、保持难的怪圈，这主要是由于项目推进过程中，重建设轻维护，配套不完善，经营管理不到位所导致的。庆丰在这方面进行了有益探索，建立了配套开发机制，引进有实力、有情怀的企业团队进行市场化运作，既保障了乡村自身的良性运转、增加了村集体和农民的收入，又很好地覆盖了前期投入，实现投入产出的平衡。

资料及数据来源：根据实地调研情况及溧阳市提供的相关材料整理。

【案例 3-4】礼诗圩村——共享经济带动模式

1. 简介

礼诗圩村是全国文明村、全国美丽宜居示范村八字桥下属的一个最大的自然村，地处溧阳市溧城镇东郊，距离城区 5 公里，有农户 260 户，805 人，村庄总面积 1600 余亩，其中水面 350 余亩。村庄四面环水，村内水系、田园交错，T 形礼诗大河贯穿村中心，两岸民居错落有致，是典型的江南水乡。

在溧阳市、镇、村三级联动之下，通过田成方、林成网、渠相连、路相通、土肥沃、渠硬化、灌排配套等工程，该村建成了旱涝保收的高效农田。不仅如此，在高效农田的基础上，村庄又流转土地 2800 亩，建成了高效设施农业和观光、科创农业。有兰花园、鸿懿花卉同等四家公司，有大学生村官的科创园，更有现代农业示范园区。其中近百亩的荷花荡，每年吸引着无数游客来此观光休闲。如果说农田的高效化只是揭开美丽村庄的序幕，那么村庄的绿化、净化、美化才是建设的重点。

礼诗圩村文化礼堂

2. 发展模式特色

生态为基，建设"水乡荷韵"秀美村庄。为放大资源优势，2017年以来，在全域旅游示范区创建和乡村振兴战略的推动下，溧城镇党委政府依托江苏礼诗荷韵建设发展有限公司，以特色田园乡村建设为契机，紧扣"共享村落，礼诗生活"发展定位，围绕"村庄生态美、乡风产业好、集体农民强"的目标，依托水乡特有的生态资源和礼诗圩深厚的文化底蕴，在建设美丽村庄、发展休闲经济、带动富民增收等方面积极进行实践探索。

（1）打造通畅的农村路网

连通城区的张巷路纳入了溧阳"1号公路"，道路拓宽至7.5米，增设115个荷花造型的节能路灯；村内主干道路、宅间路均铺设沥青并拓宽绿化，实现全村路网环通。

（2）打造精致的水乡村落

拆除翻新破旧房屋30多户，统一白墙黛瓦，房前屋后配饰老物件、青石板，村民菜园统一竹篱笆、小矮墙，呈现乡村庭院景观，做到"一户一处一景"；围绕村中河、礼诗河等水系实施水环境整治提升，建成滨河广场，呈现"水清岸绿堤固"。

（3）打造完善的配套设施

新建一座集办公、阅览、医务、超市、舞台等功能为一体的四合院式文化礼堂，实施自来水、雨污管网、电力电视和公厕改造，建设生态停车场5处，车位200多个，配置共享单车和观光游览车，为群众提供便利齐全的服务设施。

经过两年的精心打造，一个"水乡荷韵"秀美村庄呈现在世人眼前。每当荷花盛开时节，礼诗圩村的荷花亭亭玉立，走在荷塘中央一条长长的曲折的木桥上，身边围绕着田田荷叶的翠绿，微风袭来，送来阵阵清香，来赏花的游客赞不绝口。

礼诗圩村荷花节

礼诗圩村荷塘

（4）塑造"礼诗荷韵"文化品牌

该村深挖"礼耕传家、水乡荷韵"文化内涵，通过体验民间艺术、开展文化活动等，加强乡风民俗的保护推广，传承地方历史文化。成立虞晓勇书法工作室、焦尾琴艺术展示馆、礼诗乡贤馆，搭设艺术研究、工艺体验、文化传承的推广平台。开发知青下乡点、举办荷塘月色诗词展、讲好青石船码头故事，打造乡村文化"网红打卡地"。丰富村民文化生活，"仁义礼智信"五常广场、"游湖一叙""银杏茶园""共享棋社"已成为村民休闲娱乐的好去处；水乡厨娘大赛、荷塘诗会、邻里卡拉OK等活动，进一步提升农村精神文明建设水平。

3. 可借鉴经验

（1）搭建共享平台，促进农村振兴

成立"溧阳市百众土地农地专业合作社"，统一流转村内闲置农房农田，为发展休闲、餐饮、民宿、购物、娱乐等腾出空间；同时，村民相继成立了荷塘月色瓜果种植、沁华兰园花木等专业合作社和家庭农场，促进了农村经营模式的多元化发展。

（2）拓宽经营渠道，带动农业发展

引进农业龙头企业"优鲜到家"，开设农产品展销厅回购本地产品，推出莲恋不舍、映日荷花、青春有藕等5款特色产品，发展"水八仙"特色产业；携手金瓜子联盟共建"李小白共享邻里平台"，利用互联网直接将农副产品配送到城市居民家中，实现线上线下同步销售；联手"喝了没"平台首创"共享农家厨房"5家，盘活了百姓厨房和菜园，满足了城市居民对农家土灶传统美食的需求。多样化渠道促进了现代农业的振兴。

（3）推动农旅融合，实现富民强村

着力发展现代农业和休闲经济，吸引社会资本和各类人才投资创业，促进富民强村。与中商投实业控股有限公司等社会资本合作，开发建设2000亩"礼诗江南、美意田园"为主题的荷塘月色、浪漫花海、果林采摘项目，荷花盛开时节，日均接待游客约6000人次，已成为浙江、上海、安徽、南京等周边省市旅客的又一旅游景点；美芥礼诗庭精品乡村酒店、九间房特色餐饮、礼诗人家土菜馆、优鲜到家、苏悠花园、风知道、梧桐细雨等农旅商业的兴起，为村集体带来房租收益的同时，也为当地村民拓宽了就业增收渠道。

（4）加深文旅融合，推动乡村文化传承

以十里休闲荷塘、"院士文化"为基础，建立百姓议事堂，调动社会力量和民间文化活动者的积极性，充分依靠工作经验丰富、管理能力较强、文化水平相对较高、年龄较长有威望的老干部、老党员、老教师，把他们培养成文化创新带头人和示范户，让他们成为乡村文化建设的中坚力量，以点带面。乡村的许多节庆和庆典仪式都是由文化精英来主持，群众也都愿意参与这类活动。

资料及数据来源：根据实地调研情况及溧阳市提供的相关材料整理。

（二）畅循环——畅城乡要素循环

习近平总书记强调要以深化改革激发新发展活力。新发展阶段，面临新的改革任务，我们要开拓创新，大胆探索。习近平总书记还强调，社会是不断发展的，调节社会关系和社会活动的体制机制随之不断完善，才能不断适应解放和发展社会生产力的要求。县域治理中的难点是促进城乡融合，而城乡融合的关键是要改变原来乡村到城市的要素单向流动的状态，改变成要素在城乡间双向流动的状态，这就需要疏通城乡之间经济要素流通的经络，畅通乡村内部、城市内部以及城乡之间的体制机制，畅通体制机制中的难点、堵点、打结处。改革创新是全域旅游的核心要义，由于旅游业关联带动性强，小微企业众多、市场机制发育充分，具有改革试验田的特点，使得旅游业能够像蚯蚓一样疏松土壤，为城乡要素双向循环提供蓬松的体制机制、输送高质量发展的土壤，输送双循环的体制机制系统，让政府、市场更高效地协作。

当前我国城乡融合发展中，资源要素在城乡范围内双向流动，尤其是资源要素从城市向乡村流动还存在很多体制机制的障碍，亟待在农村土地制度、集体产权制度等领域进一步深化改革，才能真正打通城市到乡村的要素通道。

推动城乡之间要素双向流动，促进农村资源优化配置，这就需要处理好政府和市场、集体和农民之间的关系。发挥市场在资源配置中的决定性作用，基层政府更多是通过推进改革，为市场主体盘活利用资源提供良好的环境，开展农地流转和宅基地盘活利用，推动城乡融合发展。

溧阳以全域旅游为抓手，打通资源要素流动障碍，整合旅游业内外、产业间、城乡间资源，形成联动效应。

1. 农路变网红公路，赋能既有产业资源，发挥叠加效应，实现村民就业增收

从 2017 年起，借助现有农村公路网，与旅游、生态、文化等元素有机衔接，全面建成全长 365 公里的"溧阳 1 号公路"，这条网红"最美 1 号公路"穿珠成链串起了天目湖、南山竹海、曹山等主要景区景点、220 多个乡村旅游点、62 个美丽乡村和特色田园乡村，沿线规划布局了 36 个驿站、32 处观景台、26 个房车营地，把原本分散游离的自然资源和乡村景点连接成新的优质旅游资源，打通了全域旅游向纵深扩展的神经末梢，年吸引 600 万游客徜徉在田园乡村之间，实现农旅收入 40 亿元，带动 5.4 万户农户在"家门口"致富增收。仅蓝城杨家村悠然南山项目新增就业岗位 200 多个，人均年薪近 4 万元。

2. 以开展全域旅游乡村空间景观化为契机，盘活农村土地资源，增加村民资本性收益，实现村民致富

以"溧阳1号公路"实现乡村空间景观化为契机，出台撤并村庄农房改建迁建政策，推动农房建设向规划发展村集中，聚力农村宅基地"三权分置"改革，实施庆丰村等10个村宅基地有偿使用、有偿退出，唤醒了农村闲置土地、山林、农房等资源，将闲置宅基地和老房子改造利用、对外招商，推动乡村资源的增值。通过入股、置换、租赁、集体资产盘活等方式，塘马村合作社流转50亩闲置土地每年创收300多万元。李家园村富民资产专业合作社以村民闲置农房入股经营乡村旅游，每户社员年均分红超4.5万元。庆丰村开展美意田园建设两年间村集体经济经营性收入从20万元陡增至132.7万元，翻了6.6倍。

3. 全域旅游开道，带动资本要素和劳动力要素回流，提高多产业供给水平，为乡村振兴提供可持续保障

全域旅游开道，山水田园吸引了大批工商资本下乡，打通了人才、资本、项目回流通道，大量有知识、有视野的年轻人回到了乡村，3年来溧商回乡创业项目26个，总投资59.8亿元。形成多主体参与、多业态打造、多要素集聚、多种功能价值共同实现的乡村产业发展新格局。"轻度""芷兰秋""青峰仙居"等百余家高端休闲民宿应运而生。一批文创、电商、直播、团建等新模式的"乡村创客"渐成气候，带动电商交易额突破140亿元，获评江苏省农村电子商务示范县。

【案例3-5】溧阳1号公路

1. 简介

溧阳市把"四好农村路"建设提升到一号工程的高度，来进行认识、统筹和推进建设，运用"公路+"的系统化思维，以"四好农村路"为载体，按照"全国一流、全省示范"的标准，建成全长365公里的"溧阳1号公路"。该路以"三山（南山、曹山、瓦屋山）、两湖（天目湖、长荡湖）"为中心，连接沿线的旅游景区、特色田园乡村，以路引景、串景为线，让游客"人在景中走，如在画中游"。

溧阳"1号公路"标识的红、黄、蓝三条色带，不仅是"1号公路"精美的形象

标识、"彩虹公路"艺术之美的体现，更分别表达了溧阳的三大特色：红色——代表溧阳是革命老区，这是一条党建引领下的红色之路；黄色——代表溧阳是现代化建设试点城市，这是一条乡村振兴、百姓富裕之路；蓝色——溧阳是国家生态文明建设示范市，山水禀赋独特，这是一条绿色生态之路。

2. 品牌特色

"自在驾行、畅游溧阳"是1号公路的口号标识。通过1号公路，游客可以去到溧阳任何想去的地方。365公里"1号公路"，路路皆是景，景在路上，路贯穿景，路景融为一体。

（1）丰富服务功能

通过积极探索"旅游风景道"服务设施建设，加强公路沿线与自身景观资源的融合、开发和利用，沿线规划布局36个驿站、32处观景台、26个房车营地。溧阳1号公路目前建成松岭、祠堂、塘马、神女湖、汨罗潴、西汤等18个功能性驿站；成功开发"公路咖啡""汨罗雅集"等自主服务项目，"溧阳1号公路"功能配套日益完善。引入现代信息技术，将旅游信息、道路出行信息、景点景区承载信息等整合到"溧阳行""溧阳交通""美音溧阳"等手机APP服务平台，纳入百度、高德地图实时导航，

溧阳1号公路曹山段

溧阳1号公路南山片区

实现了"一机在手、畅游溧阳"的目标。

（2）完善品牌标识

完善旅游公路标识体系建设，针对原先公路标识体系设置不规范、不统一的现象，沿线规划设置了统一规格、统一标准的旅游标识、标志、标牌；2018年，在国内首推"三色线"理念，在"1号公路"路面添加了色彩，彩虹公路成了"溧阳1号公路"的亮丽名片；"三色线""水滴地标"成功获得国家知识产权认证，成为具有溧阳特色的品牌认证。

（3）健全管理体系

将"溧阳1号公路"纳入交通管养范畴，建立健全"片区管理"模式；制定精细化管养标准，路政、养护联动的"叠加效应"得到显现；制定出台《进一步加强全市农村公路管理养护工作的意见》《溧阳市农村公路管理养护实施细则》，开展"溧阳1号公路"路域环境综合治理行动，沿线环境面貌持续改善。

3. 社会价值

"小农路"做成了"大文章"，"溧阳1号公路"不仅成了溧阳80万老百姓的幸福路、致富路，更打通了绿水青山与金山银山之间的通道，为建设宁杭生态经济带最美副中心城市奠定了坚实基础，具体表现在以下五个方面。

（1）全域旅游的新载体

以路为切入点，通过"溧阳1号公路"集聚人气，让溧阳全域焕发出朝气蓬勃的精神风貌。"1号公路"在串联天目湖、南山竹海等主要景区的同时，更是将美丽乡村、特色田园乡村纳入了旅游目的地范畴。目前，溧阳建成省级美丽乡村示范点17个、江苏最美乡村3个、全国美丽宜居示范村3个，获评"中国美丽乡村建设示范县"，入选全省首批特色田园乡村建设试点地区。

（2）百姓出行的新方式

以路为突破口，依托完善的农村公路路网，大力推进城乡公交一体化，在全市所有建制镇建成11个标准化农村客运站，建设农村公交候车亭830个。在此基础上，在全国率先试点"镇村公交"模式，串联起村与村、村与镇之间的往来。目前全市共投放镇村公交220辆，开通97条线路，实现全市所有镇区、行政村公交一体化、全覆盖。大力发展个性化公共交通出行方式，开通"1号公路"旅游专线5条，布局86个共享汽车点位，连续4年被省交通运输厅评为城乡道路客运一体化发展水平5A级。

（3）乡村振兴的新路径

以路为纽带，通过"1号公路"，整合资源形成联动效应，带来了乡村空间的价值增值。以"溧阳1号公路"为串联，推动城乡无界均衡空间布局，有机融合公园形态与城乡空间，致力建设公园城市。以"溧阳1号公路"敞开乡村空间为契机梳理乡村内生规律，出台撤并村庄农房改建迁建政策，推动农房建设向规划发展村集中，着力盘活农村土地资源。"溧阳1号公路"也唤醒了农村闲

溧阳1号公路神女湖驿站

置土地、山林、农房等资源，推动乡村资源附加值不断提升。

（4）富裕乡民的新渠道

以路为载体，大力发展休闲农业和乡村旅游，着力打通绿水青山通向金山银山的通道，开辟了"农路变景点、农区变景区"的农旅融合新路径。"溧阳1号公路"在集聚人气的同时，也把沿线的农副产品带向千家万户。富硒软米、两湾白芹等多种优质农副产品，成为游客竞相采购的"爆款"。沿线一些特色瓜果种植基地，也通过举办"杨梅节""蓝莓节"农事节庆活动提升农产品的附加值。据不完全统计，"溧阳1号公路"带动沿线10万农民增收致富。

（5）展示溧阳的新窗口

依托"溧阳1号公路"，溧阳先后创建成为全国"四好农村路"示范县和全省"四好农村路"示范县。自2018年上半年起，省内外200多批次的市（县、区）党政代表团来溧阳学习考察"1号公路"建设。全国政协副主席、交通运输部党组书记杨传堂，交通运输部副部长戴东昌先后来溧阳考察"1号公路"，对溧阳依托"四好农村路"、打造"1号公路"的做法给予高度评价。融入党建元素，结合新时代文明实践试点，推行"1号公路"党员志愿服务，建成"1号公路"党建示范带。

（三）撬杠杆——撬旅游生态杠杆

1. 全域旅游赋能生态，撬旅游生态杠杆，实现生态资源本身的乘数效应

生态资源是旅游业最重要的生产和投入要素，也是全域旅游的核心依托。通过全域旅游的赋能，使原本不具备经济效应的生态资源产业化、货币化、要素化，让生态能发挥产业价值，是保护生态资源、促进溧阳县域经济社会可持续发展的最佳方式。

溧阳在全域旅游创建中，注重打造生态环境优越基底，使环境保护与旅游发展相得益彰。溧阳旅游从水库生态环境保护做起，2006年溧阳市委、市政府就把水源地保护工作摆上议事日程，成立了溧阳市天目湖水源地生态环境保护工作领导小组，该领导小组每年将天目湖水源地生态环境保护工作列出指标，完成了生态清淤、退耕还草（林）、污水垃圾集中处理、生态户厕改造、全方位、立体式治污等一系列工程，

为全域旅游发展打下了坚实的环境基础，环境保护与全域旅游发展相辅相成，互相推动。此外，溧阳旅游村镇建设富有地方特点和乡土特色，注重把旅游村镇作为景区来打造，把村舍民居作为景点来建设，妥善处理好改善村民生产生活条件与村落整体风貌保持、传统生活延续的关系，提升镇村服务，统筹全域旅游发展，让老百姓和游客看得见山、看得见水、记得住乡愁。

2. 全域旅游赋能生态，撬旅游生态杠杆，实现旅游生态杠杆效应

以旅游生态产业铺底，形成县域的生态优势和品牌效应，利用旅游生态底色的杠杆效应，撬动具有高质量、高增长潜力的"四大经济"（先进制造经济、高端休闲经济、现代健康经济、新型智慧经济）落户溧阳。

"筑巢引凤"吸引返乡创业。旅游业是溧阳的支柱产业，近年来充分利用全域旅游示范区创建工作契机，大力改善投资环境，团市委建立项目孵化平台"蓝火焰"众创空间，为青年创业提供经营场地、政策指导、咨询策划等多类创业服务，吸引外出人员回乡创业。随着投资环境、创业政策的完善，3年来溧商回乡创业项目达26个，总投资59.8亿元。创业者在自己创业致富的同时，带领周边群众脱贫致富，助力家乡建设发展，涌现出一批返乡创业典型，如：西本新干线股东魏黎返乡创办WEI天目湖酒店，已成为中国新兴奢华酒店品牌；蔡正超创办成立的南渚树木种植专业合作社，为溧阳旅游景观绿化献力献策；芮勇创办的天目湖特色农品馆，精准扶贫模式获得团中央高度认可。

3. 全域旅游赋能生态，撬旅游生态杠杆，实现旅游生态的融合效应

全域旅游以旅游生态产业铺底，在产业及区域覆盖面、融合度、带动力等方面，增强了旅游产业本身的融合黏性。例如，在提升城乡区域融合方面，溧阳以旅游基础设施为驱动，推动全域乡村旅游发展模式创新。溧阳市立足溧阳乡村旅游现状，把旅游公路建设作为全域旅游的新载体，结合"四好农村路"创建，在全省率先提出并实施特色化旅游公路体系，积极探索"交通+"，在做好"四好农村路"的基础上，创新打造了全国闻名的"1号公路"。在建设过程中，充分考虑如何让市民和游客能够走近山水田园，亲近自然，更好地共建共享最美生态，最大限度地承载旅游功能，串联起了溧阳全市主要景区和98个行政村、312个自然村、62个美丽乡村和特色田园乡村试点村。在"1号公路"的串联驱动下，溧阳市乡村旅游进一步发展，遍地开花。

第四章 县域城乡经济协合
——全域旅游经济发展模式创新

　　自全域旅游示范区创建以来，溧阳在建设以"生态创新、城乡融合"为特质的长三角生态创新示范城市过程中，持续推进生态资源价值转化，促进城乡经济协同，为全域旅游发展夯实最强基础、创造最优环境、提供最大支撑。城乡经济协合已成为溧阳高质量绿色发展的鲜明标识，也必将推动溧阳在全域旅游发展新时代成为我国高质量发展的新标杆。

图 4-1　溧阳全域全景图

一、城乡经济空间融合

　　城乡经济空间融合是城乡融合的前提条件，是促进经济社会发展、提升基层治理能力的内在要求和重要举措，是经济发展到一定阶段的必然要求。全域旅游创建之初，溧阳既有的城乡经济空间格局已不适应溧阳整体高质量发展的要求，制约作用逐渐凸显。溧阳在社会治理水平、城乡融合发展及产业发展等方面要想有大的突破，必须首先突破既有的城乡经济空间。只有统筹城乡经济空间，打破固有僵化的传统经济空间格局，才能为城乡融合发展确立空间基础。溧阳以全域旅游为抓手促进城乡经济空间融合，以产城融合为导向，要素合理配套为手段，通过优化生产、生活、生态空间，提高城乡统筹水平，走出一条"以产兴城、以城促产、宜居宜业、融合发展"的全域旅游城乡经济空间融合发展之路。

在全域旅游视角下，溧阳不局限于传统景区范畴，以全域洁净为基础，把城乡整体空间作为大景区打造，以城市公园、美意田园、生态景观为点，以"溧阳1号公路"为线，在以点串线、以线扩面中，推动形成"全域一幅画、处处皆旅游"的新局面，从更深层次释放旅游红利，更广领域转换旅游价值。

（一）既有城乡经济空间中存在的问题

溧阳自1990年撤县设市以来，综合实力显著增强，城乡面貌日新月异，生态环境逐步优化，人民生活持续改善，社会事业均衡发展。2012年开始，随着经济发展降速，步入发展的新常态，既有粗放的、割裂的城乡经济空间已明显无法为溧阳经济的提质增效提供动能，反而制约着溧阳经济加速转型和城乡融合发展。具体表现在以下几个方面。

1. 既有城乡经济空间不利于未来经济发展布局

原溧城镇作为市政府驻地镇，是溧阳市的经济和行政中心，位于溧阳市中东部。其余各区镇分别位于溧城镇的北、西、南三个方向。随着城市化进程的加快，城乡之间发展差距逐渐拉大，制约了溧阳市经济社会统筹发展和城乡一体化目标的实现。由于开发和投入的时间不同，溧阳区镇之间发展也非常不均衡。南部片区以天目湖为核心，天目湖景区开发较早，始建于溧阳撤县设市的20世纪90年代初期，1994年被江苏省人民政府批准为江苏省级旅游度假区，2015年10月被国家旅游局批准为首批国家级旅游度假区。南部片区依托天目湖，带动了附近的南山竹海景区的发展，两个主要景区共同带动了南部片区经济社会的发展。而北部和西部片区，以传统农业和工矿业为主，经济发展相对较为落后。长期以来，溧阳以传统的行政区划和产业集聚为划分标准，使得既有的城乡经济空间相对割裂，不利于以产业融合为核心特征的新产业、新经济的布局，不利于城乡融合发展。

2. 既有城乡经济空间不利于现有资源有效利用

一个完整的城市经济空间中通常具有产业资源、生态资源、公共服务资源、行政资源、文化资源等资源要素。大部分的资源要素聚集在城市中心，而乡村地区不仅难以保留既有资源，且难以吸引外部资源，造成城乡失衡。对于城市而言，过多的资源汇集在城市中央，降低了城市资源配置效率和质量，导致公共服务设施的提升和均衡布局难以实现，发展成果缺乏普惠性、共享性，不平衡、不充分问题日益显现，进一步阻碍城镇化进程和质量。因此，城乡融合的发展，要求城乡经济空间不仅要利于城市的进步，要利于乡村的发展，更要利于城乡资源的合理有效配置。

3. 既有城乡经济空间不利于城乡产业融合发展

实现城乡融合的两个重要的前提条件：一是空间条件，即城乡空间融合；二是经济条件，即城乡产业融合。而城乡经济空间融合又是城乡产业融合的前提。城乡经济空间格局直接影响城乡产业的发展形态、发展水平，从而最终影响城乡融合的发展。依据产业集聚理论，在工业经济发展格局中，产业经济通过政府和市场这"两只手"调节后，呈现同类产业或上下游产业在空间中集聚的特征，因此，这为溧阳既有产业集聚呈现割裂特征提供了很好的解释。由于溧阳既有城乡经济空间是在工业经济发展时期形成的，因而其产业集聚和不同产业间呈现割裂特征。然而，随着经济社会的发展，整个社会步入服务经济时代，以现代服务业为代表的第三产业在经济总格局中占据主导地位，这些符合未来发展趋势和增长潜力的第三产业在发展中呈现产业融合的特征，而既有的城乡经济空间格局由于无法适应产业融合时代的发展，不能满足新一轮产业发展需求，亟待改变。

（二）全域旅游城乡经济空间融合创新

全域旅游就是通过对一定区域内的经济社会资源尤其是旅游资源、相关产业、生态环境、公共服务、体制机制、政策法规、文明素质等进行全方位、系统化的优化提升，实现区域资源有机整合、产业融合发展、社会共建共享。溧阳以全域旅游为抓手理顺城乡经济空间格局，完善城市核心区和欠发达地区的总体布局和规划设计，有利于优化资源配置、拓展发展空间，有利于产业发展和改革创新，推动社会事业、公共服务、产业经济向欠发达地区延伸和覆盖，进一步加快城乡融合发展，实现产城融合、山水融城、民生融汇。

溧阳将全域旅游示范区创建置于谋划城乡融合发展、生态创新、全面融入长三角一体化发展的大蓝图之上，全域旅游空间规划本着因地制宜的原则，将溧阳市的资源配置、城市发展和产业布局统筹规划，聚焦产城融合、资源整合、错位协同，加快破解制约空间组织优化和先进要素聚集的行政壁垒，将推动形成更有效率、更加协调、更可持续的专业化的经济组织方式和现代化的城市工作方式，对促进城乡经济社会协调、可持续发展具有重要意义。溧阳在全域旅游城乡经济空间融合方面的创新具体表现在如下三个方面：

1. 城乡经济空间融合发展格局创新——"一核、一带、一环、一组团"的全域发展格局

溧阳在推进全域旅游示范区创建过程中，积极创新城乡融合空间格局，围绕建设宁杭生态经济带最美副中心城市、长三角生态创新示范城市目标愿景，按照"空间布局合理、城市现代宜居、产业活力强劲、生态环境优良、服务功能完备"的要求，根据溧阳旅游资源特色和空间分布，进一步优化提升城乡空间品质，促进城乡功能合理布局。以重点突出、全域统筹，因地制宜、差异发展的全域旅游布局理念为原则，着力打造溧阳经济社会发展的"人居、产业、生态"三大核心载体，实施以"生态创新、城乡融合"为特质的长三角生态创新示范城市发展战略。整合构建"一核（天目湖－南山山水度假养生核）、一带（北部文化体验运动带）、一环（一号公路）、一组团（城区作为商务休闲区）"的全域旅游发展格局。

旅游业是溧阳最具优势的特色产业，也是融合程度最高的产业。因此，旅游业空间布局的问题在一定程度上可以反映溧阳市城乡经济空间布局的问题。溧阳撤县设市后通过多年的持续发展，天目湖山水园和南山竹海两大景区已蜚声全国，但是旅游资源的开发和利用形成"南重北轻"的局面，同时也反映出了溧阳整体城乡经济空间格局的问题。全域旅游示范区创建之初，溧阳市委、市政府着眼全市，发挥规划主导职能，放大山水资源，创新方法推动空间重塑，旅游区域正从山水资源丰厚的南山片区扩大到全市域，以醉美天目湖、七彩曹山、悠然南山等品牌为代表的"三山两湖一团城"全域旅游大格局精彩呈现。同时，溧阳坚持把市域作为一个"大景区"来整体打造，在深化全国文明城市建设的基础上，精心打造以"溧阳1号公路"、溧阳琴廊、森林长廊"一路两廊"为骨架的生态"绿脉"，加快建设"产城融合、山水融城、民生融汇"的城乡融合型生态城市，推动空间拓展与崛起长三角协同谋划、生态涵养与提升知名度协同推进、产业培育与深度城镇化协同互动、民生共享与增强辐射力协同发展"四个协同"，以生态作为基础变量、核心资源和比较优势，吸引产业、科技、人才等与其聚合裂变，带动城乡空间、公共服务、生活方式与其融合嬗变，在更大范围内实现以旅游业铺底生态底色，推动全市各区域分工协作、城市能级提升的创造性实践，为全域城乡经济的提质增效提供符合经济社会可持续发展规律的经济空间格局。

例如，曹山片区在溧阳市北部，为传统的农业区域，与发达的南部片区相比，北部曹山片区发展相对滞后。在全域旅游城乡经济空间融合发展格局创新的带动下，溧阳市委市政府将加强南北联动作为促进城乡经济空间融合的重要一环，以旅游业带动北部曹山片区提档升级，缩小南北差距，促进南北资源要素流动，从而实现全域发展的目的。通过南北城乡经济空间的融合提升，曹山片区从传统的农业区，升级为旅游度假区，既是田园综合体试点项目，又是现代农业示范园，旅游业促进了农业的发展，农业发展又丰富了旅游业的内涵，形成了集生态农业、运动休闲、乡村文化、养生度假于一体的多元化、复合型格局，成为享誉全省的乡村旅游度假目的地，也成为溧阳北山片区乡村振兴、城乡融合发展的新引擎。

2. 融合格局联动创新——"1号公路"联动全域

溧阳通过打造"最美1号公路"联动全域，创新城乡空间融合格局，促进全域一体，重塑全域资源。开放、创新、融合发展是全域旅游核心理念，溧阳在全域旅游示范区创建过程中，将原有的农村公路网提档升级，建成一条全长365公里的"溧阳1号公路"，将原本分散游离在城乡之中优质资源要素串成线连成片，实现城乡经济空间的融合联动。

溧阳市城市总体规划（2016—2030）
THE COMPREHENSIVE PLANNING OF LIYANG CITY

市域旅游规划图

瓦屋山
文化体验区

长荡湖
休闲旅游区

曹山乡村
休闲区

天目湖—溧城
商务度假区

南山养生
度假区

图 4-2　溧阳城市总体规划图

图 4-3　溧阳 1 号公路路网示意图

"溧阳1号公路"以三山两湖为中心，贯穿溧阳全域，穿行在乡村和山林之间，将旅游、生态、文化等元素有机衔接在一起，打通了城乡间资源要素双向流动循环的堵点，畅通了城乡全域经济空间的网络，串起了天目湖、南山竹海、曹山等主要景区景点、98个行政村、312个自然村、220多个乡村旅游点、62个美丽乡村和特色田园乡村，沿线规划布局了36个驿站、32处观景台、26个房车营地，对外快速连通周边7个县市。溧阳通过"1号公路"联动全域，为城乡经济空间赋能，年吸引600万游客在城乡全域经济空间网络中徜徉，吸引了大批工商资本下乡以及外出务工村民返乡创业就业，带动5.4万户农户在"家门口"致富增收，实现农旅收入40亿元。

"溧阳1号公路"按照"全国一流、全省示范"的标准，以"四好农村路"为载体，将自然资源和乡村景点连接在一起，初步构建起"一路一景、一路一特色"的"大旅游"格局，通过城乡经济空间创新助推全域资源联动创新。"溧阳1号公路"获评江苏省首批旅游风景道称号，并成功入选全国美丽乡村路。溧阳通过"1号公路"，整合资源形成联动效应，带来了乡村空间的价值增值。以"溧阳1号公路"为串联，推动城乡无界均衡空间布局，以敞开乡村空间为契机梳理乡村内生规律，出台撤并村庄农房改建迁建政策，推动农房建设向规划发展村集中，盘活农村土地资源，以城乡经济空间融合形成全域资源联动效应。

3. 城乡经济空间融合创新——以点带面多轮驱动全域经济空间格局

以全域旅游为抓手，溧阳全域经济空间格局从龙头景区单极空间驱动向多极多轮空间驱动转变。

夯实龙头景区"天目湖"核心品牌，是溧阳形成以点带面多轮驱动全域经济空间格局的基础。天目湖作为国家5A级景区、国家级旅游度假区、国家生态旅游示范区，于1992年开始开发建设，依托原有的自然生态环境，结合自身特点和市场需求，发展至今已形成包含天目湖山水园、天目湖南山竹海、水世界、天目湖御水温泉、酒店、旅行社在内的多元化业务，成为集观光旅游、休闲度假、会议商务旅游等众多功能于一体的旅游度假目的地，带动了溧阳几乎整个南部片区的发展。2017年，天目湖旅游股份有限公司在上海证券交易所主板挂牌上市，成为全国第一家水利设施类上市公司。依托市场化运作机制与模式创新，为溧阳打造多轮驱动的全域经济空间格局注入了核心动力。

"一枝独秀"引来"春色满园"。在"天目湖"核心品牌的带动下，溧阳还打造了翠谷庄园、十思园、南山花园等国家休闲农业与乡村旅游示范点和江苏省五星级精品乡村旅游区。全市冠以"天目湖"品牌的农副旅游产品近100只，天目湖砂锅鱼头、天目湖白茶享誉海内外，拥有9家全国休闲农业与乡村旅游星级示范企业、江苏省星级乡村旅游（区）点19家，近10万人捧上了旅游的"金饭碗"，年人均增收1万余元。除此之外，溧阳市多个乡村已经成为长三角游客休闲度假目的地，乡村旅游在溧阳成为别样生活以及别样体验的代名词，成为一道亮丽的风景线。乡村图书馆、乡村栈道、乡村餐饮、乡村文创、乡村景观、乡村生活、乡村长廊，都变成重要的旅游吸引物，彻底改变了乡村经济空间面貌，实现了从龙头景区单极空间驱动向多级多轮空间驱动转变。

天目湖夜景全景鸟瞰照片

二、城乡经济质量融合

所谓城乡经济质量，是指城乡经济的发展质量。城乡经济质量融合问题的实质是城乡经济能否共同实现高质量发展。城乡二元结构的问题是我国经济发展史上的历史遗留问题，也是县域治理中的重要难题，资源要素从乡村向城市单向流动是该问题的主要特征。因此，要改变城乡二元结构面貌，实现城乡融合发展，产业在城乡空间中高质量均衡发展是关键。

（一）城乡经济质量融合中存在的问题

1. 产业发展方式粗放

2014年，我国经济进入发展的新常态，经济增长放缓，传统产业面临转型升级压力。2016年，溧阳市提出发展先进制造、高端休闲、现代健康、新型智慧"四大经济"之前，全市支柱经济来源以传统产业和中低端产业为主，经济发展的重点在速度，对发展的质量关注度较低，与周边区位、资源禀赋等条件相似的县域城市同质化趋势明显，在发展中亟须进一步发挥区位优势、资源优势，形成竞争优势。以旅游业为例，2016年之前，溧阳旅游业以孤岛式单一分散景区型为主，产业发展模式相对粗放，产品同质化竞争加剧，创新基础薄弱，没有充分挖掘景区间、景区内外、产业间的增长潜力为旅游业赋能。景区内外环境差异明显，景区间缺乏优质道路景色的连接，产业间缺乏互融互补作用。

2. 产业在城乡空间中发展不均衡

工业经济发展时期，产业具有集聚的特征，相同产业、产业上下游容易在一定区域内形成集聚，产业的块状集聚使得区域之间形成相互割裂的状态，造成产业在城乡空间中不均衡发展。受到这种工业经济产业集聚特征的客观影响，服务业在最初发展中以内部和对周围综合带动为主，融合程度较低、对产业均衡带动影响面较小。随着服务业发展逐渐占据经济的半壁江山，服务业的融合性凸显，对产业融合带动作用持续增强。以旅游业为例，全域旅游创建之前，溧阳旅游业发展南北不均衡现象凸显，以天目湖为核心的南部片区发展较早，发展时间长，对南部区域带动作用明显。而北部片区以农业为主，仅有少数景点呈点状分布，没有形成规模和连片效应，发展相对比较落后。南北产业发展割裂，缺乏连接和联动。

（二）全域旅游城乡经济质量融合创新

1. 推动旅游高质量发展，致力推动旅游业向高端休闲经济迈进

一是创新旅游产业发展框架，让生态创新成为溧阳高质量发展的生动名片。 2016

年以来，溧阳市委、市政府将全域旅游摆上全局工作的重要位置，将其纳入"十三五"发展的"三大工程"，坚持把做优生态作为发展全域旅游的重要前提，五年关停采石矿、砖瓦窑、石灰窑、码头190余个，生态修复废弃矿山50余座；投资7亿余元治理全市水库、重点塘坝，投资6.3亿元开展新一轮天目湖水源地保护行动，投资12.8亿元推进区域治污一体化工程、14.8亿元开展全域农村生活污水治理，推动全域环境全面提升。坚持把市域作为一个"大景区"来整体打造，在深化全国文明城市建设的基础上，精心打造以"溧阳1号公路"、溧阳琴廊、森林长廊"一路两廊"为骨架的生态"绿脉"，加快建设山水相汇、城景相融的公园城市。将生态与生产、生活深度融合，发挥生态资源优势和国家级旅游度假区的品牌优势，通过"全国一流、全域一体"旅游布局，实现"旅游景区"向"旅游城市"的跨越，成为全国环境优美的山水田园型休闲度假旅游目的地。

二是创新聚合各方资源，高效运转促进高位发展。近年来，溧阳全面提升旅游服务质量和高端休闲产品供给，积极创建国家级夜间经济集聚示范区，进一步丰富"全景、全时、全龄"旅游业态，深度推动文旅融合、农旅融合、康旅融合，塑造千亿级休闲健康经济，打造全国知名的长三角休闲康旅目的地。溧阳从单纯推动景区发展向充分挖掘景区间、景区内外、产业间的增强潜力为旅游业赋能，统筹交通、住建、城管等部门资金近40亿元以上投向旅游开发，设立3000万元旅游业发展专项扶持资金，高效运转促进高位发展。致力推动旅游业向高端休闲经济迈进，制定出台《关于加快推进全域旅游发展的实施意见》《高端休闲经济三年行动计划》等政策文件，旅游大数据平台、游客集散中心、游客服务中心、星级旅游公厕等配套设施全面跟进，加快打造"溧阳旅游2.0版"。

三是创新区域带动方式，龙头景区高质量效应外溢。全域旅游创建以来，溧阳围绕天目湖旅游度假区不断发展旅游度假类项目，先后对天目湖山水园景区、天目湖南山竹海景区、天目湖御水温泉度假项目、天目湖水世界等景点进行改造升级，发展成为集观光、度假、休闲功能为一体的旅游景区和产品，天目湖景区完成了从度假区到度假酒店品牌输出的发展历程。天目湖采用"开放式景区"运营模式，降低门票收入比例，带动周边区域发展，龙头景区高质量发展效应外溢。从天目湖景区业务二次消费层面来看，景区二次消费收入已经超过门票收入，天目湖在带动区域发展上的优势，已经远超业内同行业水平。天目湖片区的成功，不仅带动了南部山区的整体发展，也带动了溧阳北部山区以及中部城区的发展。近年来，随着客源市场的稳固增加，溧阳开始打造曹山省级旅游度假区，引入总投资额 280 亿元的曹山未来城文旅综合体项目，建成汽车来斯、火车来斯主题乐园，完成"1 号公路"天路、爱情的套路等网红打卡地，推进牛马塘省级特色田园乡村"+ 旅游"，促使北部片区形成山水休闲片区，成为溧阳文旅融合新引擎。

四是创新产业城乡均衡发展方式，多方联动打造特色田园乡村。溧阳全域旅游示范区创建，三山一水六分田，溧阳之美，美在城市与乡村相得益彰。溧阳在打造特色田园乡村过程中，形成了以设计大师、地方政府、机关部门、国有公司、乡村工匠、农民乡贤等多方联动的局面，注重挖掘特色文化、自然风貌及田园风光，形成一村一景、一村一业、一村一特色，用乡土材料、乡土表情，让丘陵山区更具山村风貌、平原地区更具田园风光、河网圩区更具水乡风韵。让田园牧歌在乡村复兴，展现精神焕发的农村、活力四射的农民、生机勃勃的农业。

2. 以旅游生态为底色的"四大经济"高质量发展，创新城乡经济质量融合方式

2016 年，溧阳明确将制造、休闲、健康、智慧"四大经济"作为溧阳产业转型升级的重大举措和增强区域竞争优势的重要路径，旅游生态为底色的"四大经济"高质量发展，创新了城乡经济质量融合方式。

一是创新旅游载体，推动城乡产业高质量融合发展。首先，溧阳充分利用旅游业的综合性强、融合性强、带动性强的产业优势，把天目湖白茶小镇、竹箦绿色铸造小镇、锂享小镇、南山竹海风情小镇、别桥无人机小镇等特色小镇作为城乡要素融合的重要载体，打造特色集聚、城乡分布合理的产业创新创业生态圈。其次，在城乡产业质量融合的薄弱区域，把现代农业产业园作为重要平台，优化提升园区服务功能，以观光农业、旅游农业作为核心，吸引一批一、二、三产业融合项目入驻。再次，创建了一批旅游业促进城乡融合的典型项目，引导社会资本重点培育，形成示范带动效应。

二是创新旅游生态底色，推动"四大经济"在城乡中融合发展。首先，以旅游休闲产业铺底生态底色、吸引消费客流，以消费倒逼供给升级，为城乡经济质量融合夯实高质量发展的基础。溧阳以"引得来、留得住、能消费"为目标，构建起"一核三线四组团"的生态大旅游格局，保护性开发大溪水库、瓦屋山和长荡湖湿地公园，擦亮溧阳城乡生态底色。在此基础上，集中精力打造了一批夜间游、主题游、民宿民居等项目，对天目湖、南山竹海、曹山慢城景区进行了提升改造，并重点发展了红色旅游、乡村旅游、休闲旅游、养生旅游等特色旅游，推动旅游业由观光型向休闲度假文化体验型、商务会所融合型转型。到 2019 年，全市接待游客达到 2103.14 万人次，实现旅游总收入 257.38 亿元。

其次，旅游休闲产业与健康养老产业协同发展，增强城乡经济质量融合度。溧阳通过全域旅游创建，打出"处处绿水青山、家家金山银山、人人寿比南山"的品牌，放大"中国长寿之乡"的品牌优势，吸引高品质资本和机构进入健康体检、健康咨询、中医保健、休闲养生、康复护理、养老服务、养老地产等领域。在北山地区建设以佛教文化和长寿文化为中心的大众型养老服务中心，在南山地区建设以温泉养生和山水文化为中心的高端休闲养生中心，将全市打造成为华东地区著名的健康服务业基地。

最后，旅游休闲产业带动传统农业、制造业产业提质增效，向更智慧高端方向迈进。溧阳以休闲产业为方向、以"三山两湖一团城"全域旅游为框架的旅游高质量发展格局初步形成。曹山创成省级旅游度假区，"溧阳 1 号公路"获评江苏省首批旅游风景道、"全国美丽乡村路"，"清风朗月·溧阳茶舍"成为溧阳旅游休闲新名片，总投资 280 亿元的曹山未来城项目开工建设。旅游高质量发展带动城乡环境提升、高端消费客流增加，以生态环境和渠道优势带动传统农业、制造业提质增效、融合发展。旅游高端消费客流引领，提升传统农业质量，溧阳以现代农业产业园为核心的农业产业协同发展平台建设顺利推进，与常州整体创建国家农产品质量安全市，获评省粮油绿色高质高效创建示范片，拥有省级农业产业化龙头企业 11 家。旅游带动全域生态持续向好，吸引高精尖制造业落地。高精尖制造业的落地与发展需要两个重要条件，即高质量市场和高科技人才。高质量市场需要靠近高端消费人口居住集聚区，吸引高科技人才，需要良好的生活、工作的环境，溧阳充分发挥地处长三角城市群的区位优势，为高精尖企业的落地铺设良好的吸引人才的生态环境。

三、城乡经济深度融合

所谓城乡经济深度融合是指城乡经济融合发展程度高，城乡经济深度融合问题的实质是城乡经济能否实现深度融合，以实现高质量发展。城乡经济融合程度从经济层面反映了一个区域城乡融合的质量。溧阳以全域旅游为抓手，依托"旅游+"产业的模式，促进旅游和其他产业深度融合，从而实现城乡经济深度融合。

乡村旅游是新时代促进居民消费、实施乡村振兴战略、推进新旧动能转换的重要途径和有力抓手。溧阳市制定了多种政策积极推动乡村旅游质量提升，积极推动社会企业完善乡村旅游产业链条，推动南山景区乡村旅游协会等社会力量参与到旅游资源的开发、营销中去，且成效显著。

溧阳市政府为推动乡村旅游质量提升出台了一系列文件和落实方案，包括《关于印发〈溧阳市鼓励和促进"溧阳茶舍"发展的实施意见〉的通知》（溧政办发〔2017〕102号）、《关于印发〈溧阳市美意田园行动资金管理办法〉的通知》（溧建〔2019〕41号）、《关于印发〈溧阳市乡村振兴三年（2018～2020）行动计划〉的通知》（溧委发〔2018〕1号）、《溧阳市乡村旅游服务接待设施质量等级评定管理实施意见（试行）》（溧旅指〔2009〕3号）、《关于开展乡村旅游接待设施星级评定工作的通知》（溧旅指〔2010〕5号）、《关于公布第二批溧阳茶舍等级评定结果的通知》（溧旅指〔2020〕2号）等；一些协会团体积极推动乡村旅游质量提升，例如，南山景区乡村旅游协会对推动乡村旅游的质量发展做了大量的基础性工作，且成效明显；广大企业以资产为纽带，全力推动乡村旅游质量提升，共创合作富民新路。

（一）旅游与农业深度融合，铺筑"田园生金"振兴之路

将旅游业与农业融合发展，是解决乡村振兴、脱贫致富以及拉动就业的最有效手段。因此，世界各地都把农业旅游作为重要抓手，解决乡村发展衰落的问题。溧阳深入贯彻习总书记关于实施乡村振兴战略的指示精神，立足山水田园，创新农旅融合，把绿水青山涵养成发展乡村旅游的"金招牌"，把核心资源整合成开启农旅融合的"金钥匙"，把乡村田园转化成促进农民增收的"金银山"，走出了一条"田园生金"的乡村振兴之路。截至2019年，溧阳全市现有全国乡村旅游重点村3个，江苏省特色田园乡村7个，江苏省星级乡村旅游区（点）19家，美丽宜居乡村200多个。2019年溧阳全市农旅收入达40亿元，实现带动5.4万农户增收，被人民日报称为"乡村振兴的溧阳样本"。

杨家村"一号优选"农产品展示大厅

礼诗圩村"一号优选"农产品展示中心

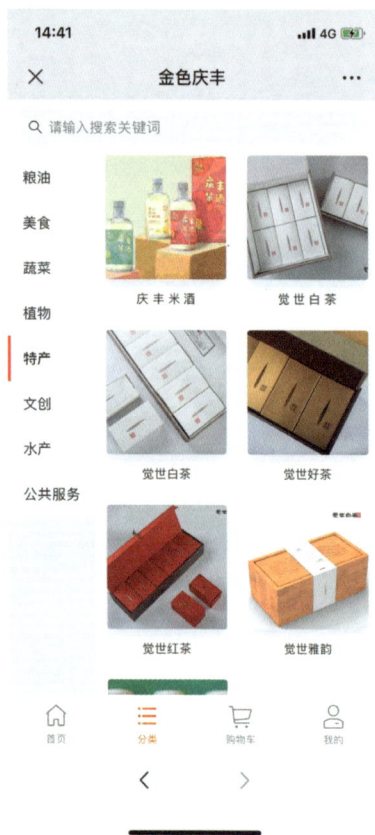

金色庆丰公众号

别桥原乡小程序

　　天目湖旅游股份有限公司为全市首家上市企业和江苏省旅游景区首家上市企业，直接从业人员 8000 余人，随着天目湖旅游知名度的扩大，天目湖品牌的影响力越来越高，"天目湖"商标使用范围已涵盖旅游餐饮、茶叶、果品、工艺产品等 100 多个品种。天目湖砂锅鱼头、玉枝和玉莲白茶商标分别被评为全国驰名商标，天目湖旅游啤酒被评为江苏省著名商标，天目湖白茶和白芹分别为国家农产品地理标志产品，"富子"白茶被评为"中国上海世博会十大名茶"，天目湖品牌系列产品销售收入逐年上升。

丰富的农旅产品

　　通过旅游业与农业融合，以旅游需求和销售渠道为导向，提升农产品供给质量，孕育出高品质农业旅游商品，形成良好的品牌效应。截至 2019 年，溧阳"三品"企业 159 家，产品总量 334 只，其中无公害农产品企业 104 家，产品 97 只，绿色食品企业 43 家，产品 100 只，有机农产品企业 11 家，产品 36 只。其中苏浙皖边界市场和溧阳社渚青虾批发市场被认定为"常州市十大农产品市场"，天目湖牌香肠等 9 个产品被认定为常州市第 21 届名优农产品。在"2019 年中国茗茶文化博览会""第 3 届中国国际茶博会"上，天目湖白茶入围首届江苏省十强农产品区域公用品牌候选名单，获 2019 年北京世界园艺博览会江苏"十佳名茶"特等奖，溧阳青虾入选中国农业品牌目录 2019 农产品区域公用品牌，入围首届江苏省十强农产品区域公用品牌候选名单。"天目云露"白茶获得 2018 中国特色旅游商品大赛铜奖，南粳 46 获得第二届全国优质稻品种食味品质鉴评（粳稻）金奖，"欣龙"牌佛晓桃获得第七届"神园杯"江苏优质水果评比金奖，"勤农"溧阳白芹获得第十五届中国国际农产品交易会参展农产品金奖，还有多种品牌茶叶在"中茶杯"和"陆羽杯"得到多项奖项。

天目湖白茶

表 4-1 溧阳市旅游商品获得奖项一览表

序号	获得奖项	旅游商品	类型
1	2018中国特色旅游商品大赛铜奖	"天目云露"白茶	茶叶
2	第十六届上海国际茶文化节"中国名茶"评选金奖	"天目欣龙"白茶	茶叶
3	江苏省第十六届"陆羽杯"名茶评比一等奖	"南山韵龙"白茶	茶叶
4	第二届全国优质稻品种食味品质鉴评（粳稻）金奖	南粳46	农产品——稻米
5	第七届"神园杯"江苏优质水果评比金奖	"欣龙"牌佛晓桃	农产品——水果
6	第十五届中国国际农产品交易会参展农产品金奖	"勤农"溧阳白芹	农产品——蔬菜
7	第十一届"中茶杯"特等奖、一等奖	特等奖：登茗牌登茗白茶、天目湖时雨牌白茶；一等奖：周城金泉牌天目湖白茶、玉芽芝牌白茶、周城金泉牌翠柏、天目湖华耕牌白茶、天目湖华耕牌翠柏、浃家毫牌白茶、神元春牌红茶、南山禄牌红茶	茶叶
8	第十二届"中茶杯"特等奖、一等奖	特等奖：天目湖时雨牌白茶、天目芳津牌天目湖白茶；一等奖：登茗牌白茶、富子牌白茶、玉芽芝牌工夫红茶、周城金泉牌天目湖红茶	茶叶
9	第十七届"陆羽杯"特等奖、一等奖	特等奖：天目神牌天目神眉、周城金泉牌翠柏、天目湖时雨牌天目湖白茶、桂牌沙河桂茗、天目弥乐牌天目湖白茶；一等奖：峦茗牌天目湖白茶、周城金泉牌红茶、天目湖金泉一号牌翠柏、芳芝林牌白茶	茶叶

一是创新"互联网＋公司＋基地＋农民"模式，农旅融合将溧阳白茶培育成溧阳农产品中最响亮的品牌。

茶园主"葛富贵"是溧阳蓝火焰"小白茶"互联网团队打造的农品虚拟 IP。以往茶农能够得到的利益在销售中的比例较小，大部分利益被流通渠道获取，通过农旅融合直接连接消费者，减少中间环节，将增加的利益分成两块：一是投入再生产，实现可持续发展；二是用于精准扶贫，以小罐白茶销售带动"富贵来了"中老年社群休闲旅游，将产品销售额的 15% 支持溧阳精准扶贫基金，助力劳务收入增加 15%。"互联网＋公司＋基地＋农民"的多重融合，让合作社变身网联社。

二是创新"田园生金"模式，农旅融合将"农田变网红景点"。

溧阳以美丽乡村、特色田园乡村建设为支撑，撬动农旅融合发展，建成薯愿牛马塘、荷塘礼诗圩、蓝城杨家村等 6 个省级特色田园乡村，数量全省县市第一，把乡村田园转化成促进农民增收的"金银山"，走出了一条"田园生金"的乡村振兴之路。其中，蓝城杨家村悠然南山项目通过土地流转收益惠及 438 户村民，新增就业岗位 200 多个，人均年薪近 4 万元，2019 年 7 月作为国内乡村振兴样板荣登《中国周刊》杂志封面；南渡庆丰村打造"苏南第一方"网红 IP，举办"四美"丰收节、田上风筝节等旅游节庆活动，致力于推进"农业＋文化创意"，村集体经济经营性收入从 2016 年的 20 万元陡增至 132.7 万元，年均增长 1.4 倍。礼诗圩村紧扣"共享村落，礼诗生活"的发展定位，建设"水乡荷韵"美丽村庄，塑造"荷塘月色"文旅品牌，以"共享村落""开心菜园"撬动农旅融合、带动富民增收，"共享菜园"一期 20 亩，村级年收益约 40 万元；"共享农家厨房"每年每户增收 4 万元，2019 年村集体经营性收入 100 万元，2020 年村集体经营性收入约为 160 万元。牛马塘村深度挖掘红薯文化，已开发 80 多种产品，年产红薯 150 吨，成为网红打卡地。

溧阳创新乡村旅游业态，包括田园综合体、田园艺术景观、观光农业、休闲农业、创意农业、定制农业、会展农业、众筹农业、现代农业庄园、家庭农场等多种业态的乡村旅游产品。其中创意农业有南山花园和天淼山庄；观光农业有通用生态农业山庄和翠谷山庄；田园艺术景观有别桥原乡"绿野仙踪"；休闲农业有晶阳山庄和欣龙生态园；现代农业庄园有白露山农业生态园和日日春农庄。

表 4-2　溧阳市乡村旅游业态一览表

序号	乡村旅游业态类型	景区名称
1		南山花园
2	创意农业	天淼山庄
3		苏南第一方，庆丰稻花香

序号	乡村旅游业态类型	景区名称
4	观光农业	通用生态农业山庄
5		翠谷庄园
6	田园艺术景观	别桥原乡"绿野仙踪"
7		别桥原乡"稻梦空间"
8	休闲农业	晶阳山庄
9		欣龙生态园
10	现代农业庄园	白露山农业生态园
11		日日春农庄

【案例 4-1】乡村旅游业态创新

创意农业——南山花园

南山花园位于江苏省溧阳市南山景区管委会、溧阳市戴埠镇戴南村，坐落于溧阳市区与国家 5A 级景区南山竹海之间的龙潭森林中，占地 500 亩，建筑面积 7000 多平方米。2017 年，南山花园被评为首批江苏省五星级乡村旅游区。南山花园专门建设有登山健身步道，步道容山、水、林、泉为一体，各种花卉争奇斗艳，空气新鲜，环境宜人，有"天然氧吧"之美誉。同时还设有神马农场和萤火虫公园，南山花园不仅仅是一个农场、一个休闲度假区，更是一个乐园、一个充满乡野趣味的乡村田园。

美羿·神马农场活动中心展品

美芥山野温泉度假村树屋俯瞰图

创意农业——天淼山庄

　　天淼山庄位于溧阳市 5A 景区天目湖大溪生态保护区内，拥有千亩山林，三面环山，一面临湖。山林湖水相得益彰，自然风光得天独厚，被誉为华东地区最后的净土。天淼山庄将农业与拓展游乐相结合，集会务旅游、成人拓展训练、亲子游乐园、儿童户外实践基地等多功能于一体。

天目湖大溪生态保护区

创意农业——苏南第一方，庆丰稻花香

为满足城市人的乡村梦和乡村人的城市梦，南渡镇庆丰村积极探索社会主义现代化城乡融合新路径。围绕谷物丰收文化核心，以"金色庆丰、艺术田野"为愿景，倾力打造"苏南第一方，庆丰稻花香"农旅项目。项目主要以"政府领跑、企业协跑、艺术家陪跑、群众主跑"的方式进行打造，镇村两级以及挂钩部门进行基础设施建设、功能配套服务；民营企业投入资金，参与建设；艺术家协会、团体设立基地、举办活动，扮靓乡村；老百姓因地制宜，主动参与。

庆丰村农场嘉年华

观光农业——通用生态农业山庄

通用生态农业山庄位于5A级风景区——南山竹海附近（戴埠镇横涧村），是一家集餐饮、客房、会议、垂钓、度假休闲、生态旅游观光、农业开发为一体的豪华度假山庄。农庄内设有酒类酿制区、娱乐垂钓区、水产养殖区、茶叶种植区、采摘体验区（樱桃、油桃、黄桃、葡萄、布朗、丰水梨等多种特色水果）、孔雀观赏园、生态景观区、经济林业区（广玉兰、红枫、榉树、桂花、海棠等特种花卉、树木100亩）八大区域，另有毛竹园100余亩。山庄内空气清新，树木常青，鲜花盛开。在山庄中，可以漫步在山间丛林中欣赏灿烂的花卉，可以品尝纯天然的绿色食品，可以垂钓，可以采摘，可以体验种植、酿酒、制茶的乐趣，是现代人休闲、度假、娱乐的天然养生园。

南山竹海景区附近——通用生态农业山庄

观光农业——翠谷庄园

翠谷庄园位于江苏省溧阳市南山景区管委会、溧阳市戴埠镇李家园村，距离国家5A级旅游景区——南山竹海仅2公里。是溧阳首家集优美的自然山水、田园风光、特种养殖和星级标准酒店于一体的农业生态型庄园。2007年度顺利通过全国农业旅游示范点验收，2010年被授予江苏省自驾游基地。

南山竹海景区附近——翠谷庄园

田园艺术景观——别桥原乡"绿野仙踪"

绿野仙踪引入"木"元素，采用雕塑手法，契合原乡特色，与稻梦空间、原乡花海形成了别桥原乡的"一花一草一木"，用新鲜的元素吸引少年儿童探秘，体验原乡生态自然野趣。

别桥原乡"绿野仙踪"

田园艺术景观——别桥原乡"稻梦空间"

稻梦空间融别桥文化于稻草艺术中，以稻草雕塑为组群，点状串联，千姿百态的

别桥原乡"稻梦空间"

稻田造型，或是气势蓬勃的骏马，或是鲜活的农耕场景，或是装扮成一个个童话里的人物，鳞次栉比地出现在大众的视野里。

休闲农业——晶阳山庄

晶阳山庄绿林环抱，溪水潺潺，竹木常青，包括水域、林地等近10万平方米。山庄依山傍水，静谧幽雅，空气清新，环境优美，是天然的大氧吧。可以观赏江南风情浓郁的绿茶田、登丫髻山望远、钓鱼。

竹箦镇竹箦煤矿晶阳山庄

休闲农业——欣龙生态园

欣龙生态园位于江苏省溧阳市天目湖至南山竹海二级公路旁，自然环境优美，形成了一种难得的山居人文风景，新奇而壮观，这里环境优雅，设施完善，集客房、餐饮、娱乐于一体，白天垂钓、去茶山采茶、去田园采摘农家水果，晚上举行篝火晚会、吃特色农家菜肴。在这里可以体会到融入自然、天人合一的境界，忘却都市的喧嚣，体会淳朴与热情。

欣龙生态园

现代农业庄园——白露山农业生态园

白露山农业生态园地处溧阳市上兴镇曹山现代农业示范园区内，园区占地20亩，有着真山真水的得天独厚条件。农业生态园以蓝莓、黑莓、草莓等特色小浆果及无公害粮油种植为基础，以蓝莓果汁、果酒、酵素等饮品及营养彩色面条两大系列特色农

曹山现代农业示范园内白露山农业生态园

产品深加工为市场抓手，以水果采摘、农业观光、休闲生态旅游为平台，是集三产融合发展为一体的现代农业庄园。

现代农业庄园——日日春农庄

日日春庄园位于江苏省溧阳市曹山省级旅游度假区内，依山傍水、景色怡人，占地 5000 余亩。庄园集种植、养殖、销售于一体，融合了"生态与生产、观赏与休闲、娱乐与参与"等户外活动，体现了"市场供应、示范推广、旅游观光、素质教育"现代生态农业的"四大循环"功能。

曹山省级旅游度假区内日日春庄园

资料及数据来源：根据实地调研情况及溧阳市提供的相关材料整理。

三是创新茶叶品牌和旅游品牌二合一模式，农旅融合将"茶园变精品民宿"。

溧阳市茶产业是一个年产值近 15 亿元的大产业，茶园景观是溧阳乡村的重要景观。为了充分挖掘和利用溧阳的茶园资源、发挥溧阳茶产业和茶文化优势，茶旅融合强强联手，2017 年，溧阳市委、市政府出台《溧阳市鼓励和促进"溧阳茶舍"发展的实施意见》，提出"溧阳茶舍"的概念，2018 年制定出台了《溧阳茶舍（精品民宿）等级评定标准》，鼓励发展具有溧阳茶乡特色和地域风情的主题精品民宿产品。采取"三个一批"的方法，即"政府平台建设一批、社会资本实施一批、建成项目提升一批"，统筹旅游设施和产品布局，推动民宿健康融合发展。按照"三山两湖一团城"的旅游空间布局，编制《溧阳茶舍与驿站布局规划》，在"1号公路"沿线由政府平台统筹布局溧阳茶舍，通过景区带村、能人带户、"企业＋农户""合作社＋农户"，积极引导社会资本新建高品质溧阳茶舍，百家茶舍应运而生。优美环境孕育"溧阳茶舍"新品牌新模式，让游客在拥山抱水中远离喧嚣、静享自然。"溧阳茶舍"已经成为溧阳高端休闲的新品牌，成为引领溧阳全域旅游特色品牌的重要标杆。

【案例4-2】溧阳茶舍土地供给案例

"溧阳茶舍"是指溧阳行政区域内（城镇建成区域除外），利用（包括自有和租赁他人、集体）依法建设的房屋（包括空置农房、闲置的村集体用房或国有农林场房等），融合当地人文景观、自然景观、生态环境资源及农业生产活动，以旅游经营方式，为游客体验乡村生活提供住宿及餐饮的休闲度假场所。

依托溧阳区位、交通、生态、文化等优势，融合美丽乡村建设、现代农业发展等成果，塑造独具溧阳乡村特色和地域风情的"溧阳茶舍"品牌，拓展休闲经济内涵，构建休闲经济新业态。茶舍建设可以利用农村宅基地或存量集体建设用地、国有建设用地等。农村集体经济组织及其成员个人可以依法使用村集体建设用地、宅基地（农民住宅）自办茶舍，或者以土地、房屋使用权租赁、入股、联营等方式吸引社会资本开办茶舍。村集体可购买或收回闲置的村集体成员房屋及宅基地使用权，并允许社会

溧阳茶舍——青峰仙居

资本在确定建设用途为茶舍的前提下，通过租赁方式获得房屋及土地使用权。空闲的村集体建设用地被政府征收后，通过出让方式用于建设茶舍。对新建茶舍，符合条件确需新增建设用地的，给予优先保障。

资料来源：根据实地调研情况及溧阳市提供的相关材料整理。

（二）旅游与生态深度融合，创新城乡经济绿色崛起

溧阳市将生态环境保护与旅游规划相融合，统筹生态环境保护和旅游景观配置，坚持将水利风景区建设作为实现"全域旅游"目标的重要抓手，与河湖库管理范围划定、天目湖水源地保护、美丽乡村建设相结合，划定水利风景区的管理和保护范围，明确景区功能分区，明晰水利工程与景观工程权属，以功能促进景观，以景观提升功能。为全力契合溧阳市全域旅游工作，先后投入约 1.2 亿元重点对"1 号公路"沿线的水库、塘坝在不影响功能的前提下实施景观改造，在大坝迎水坡、坝面近水处增建绿植景观带，亲水步道、平台；对护坝的排水沟进行生态改造；在近路水域开展水土保持治理，使工程与环境协调，增加景观效应，形成了以沙河水库、塘马水库、长荡湖、平桥石坝为代表的一库一风景格局。这些水利风景区创建对促进工程主体功能发挥、水资源水环境保护、水科普水文化教育、游憩观光服务起到了积极作用，推动了

天目湖国家湿地公园

溧阳市旅游产业的发展。以天目湖为例，截至目前，天目湖累计实施退耕还林2.86万亩、封山育林1.84万亩、退渔还湖0.65万亩。320平方公里水天一色，森林植被覆盖率高达95%，平均负离子含量高出城市15倍以上，种类繁多的古树名木、奇花异草以及数十种野生动物在此生息繁衍。以旅游为抓手，不断释放的生态红利带动了一批产业项目落地，推进旅游和生态深度融合发展。

天目湖国家森林公园

（三）旅游与产业深度融合，打造城乡经济新产业链

旅游与体育深度融合，创新体育旅游产业链。溧阳市围绕体育旅游主题，重点打造体育运动休闲旅游区和体育运动休闲装备产业园，对以世界级户外生态运动基地和赛事为龙头的体育旅游业、以康复养生和运动休闲为特色的运动健康产业、以高端运动装备制造和网络营销为重点的体育装备产业以及以先进设计和高质施工为品牌的体育建筑业四大产业进行布局，形成产业集群，"四架马车"全力提速旅游体育产业向前发展。溧阳市获评2017年、2018年国家体育总局中国体育旅游精品目的地、2019年中国体育旅游十佳目的地。溧阳"1号公路"运动休闲自驾线路获评2020年度长三角地区精品体育旅游线路。溧阳体育运动休闲旅游区"一环、两湖、三山、四团"

的发展格局已初具雏形：一
环：串联市域东西南北 4 条
线路，开辟自行车绿色通道，
形成全市旅游交通大环线；
两湖：长荡湖溧阳湿地公园
建造亚洲最大国际户外运动、
垂钓乐园，天目湖建设成为
现代水上运动中心和水上休
闲活动基地；三山：整合瓦

溧阳体育＋旅游示范基地

屋山、燕山、曹山资源优势，分别开发运动休闲旅游、体育主题公园、高品质"国际
慢城"；四团：汽车山地越野度假区瓦屋山组团、体育主题公园休闲区城区组团、温
泉康复养生区南山组团、垂钓体验区长荡湖组团。国标舞国际公开赛、全国舞龙舞狮
锦标赛、"风光智跑"等高层次赛事不断。

体育赛事

旅游与教育深度融合，创新研学产业链。新四军江南指挥部纪念馆是全国红色旅
游经典景区，已成为溧阳市最具吸引力的旅游热线之一，来馆参观人数逐年增长。
2018 年，纪念馆共计接待游客 68 万人次，其中团队接待 2438 批。纪念馆每年都举
办爱国主义主题教育系列活动、未成年人教育实践系列活动等。"踏英雄足迹，寻梦

旅游 + 红色研学

抗战路"教育实践活动被列为江苏省博物馆青少年教育示范项目。以纪念馆为主体的"溧阳市小铁军基地"获省级宣传文化发展专项资金补助。2018 年 3 月，纪念馆成立水西红色文化教育培训中心，聚焦和整合全市红色文化资源，推出了"陈毅家风""沧海一粟""铁军铁纪"等主题现场教学项目，逐步形成文旅一体的党性教育品牌。纪念馆成功获评"国家三级博物馆"，荣获"常州市社区教育游学体验基地""溧阳市首批研学旅游实践基地"等称号，并被江苏省委组织部、常州市委组织部分别授予"党员教育实境课堂示范点"和"常州市党性教育基地"称号。

旅游与健康深度融合，创新康旅产业链。放大全国文明城市、国家生态文明建设示范市、国家生态市、国家园林城市、世界长寿之乡等品牌优势，高起点建设以休闲康养为主体的天目湖"生命康原"全产业链健康养生示范基地；中国平安健康城、中德富尔达康颐社区等重大康旅融合项目纷纷落地。江苏省人民医院溧阳分院、江苏省中医院溧阳分院携手打造苏皖省际边界地区医疗高地。推动休闲旅游和康复养生深度融合。

山野温泉

　　旅游与文化深度融合，创新文旅产业链。溧阳坚持把历史文化融入全域旅游发展，投资 280 亿元的曹山未来城文旅综合体建设正酣，长三角生态文旅度假基地呼之欲出；江南铁军教育学院启动建设，催生研学旅游新业态。全市现有各级非遗保护名录 70 项，其中国家级非遗项目 1 项，江苏省级非遗项目 9 项。放大焦尾琴故里名片，每年定期举办"天目湖古琴"音乐会。深挖地方戏曲文化，在全市重点景区、1 号公路、特色田园乡村、旅游重点镇、城市休闲空间等布局一批"美音美溧小剧场"，讲述溧阳故事，以旅游为载体，传承地方文化，实现主客共享。

　　旅游与工业深度融合，创新休闲旅游产业链。溧阳市发挥"旅游+"工业的优势，上汽大通房车研发生产基地推动了上汽房车营地、望星谷房车露营地和龙潭房车露营地等新业态项目建设，为游客带来更多的产品共享。上汽大通汽车有限公司是国内首个专为大规模定制化房车打造的研发及生产基地，引进欧洲先进的生产设备，建设柔性化装配车间，智能化家具车间，厢板车间，展示及研发中心。产品覆盖全系列智能房车产品。将成为国内最大、最先进的房车研发及生产基地。

上汽房车产品

房车露营地

"旅游+"房车基地

第五章 县域城乡环境契合
——全域旅游生态环境保护创新

溧阳盘山路

改革开放 40 年来，我国城乡环境治理从无到有，治理目标由维护生态平衡逐步递进到生态经济协调发展和生态优先。近年来，随着城乡经济社会的发展，城乡环境治理问题日益突出，生态环境对城乡经济社会可持续发展的影响更加显著，城乡环境的可持续发展问题成为县域治理中的重要问题。

旅游是促进城乡环境契合的重要绿色产业。旅游业具有"环境友好型、资源节约型"的产业属性，是实践生态环境保护，绿水青山保护，引领美丽中国和生态文明的重要力量。旅游业不仅是转化生态价值、传播、分享生态文明的美丽产业，还是资源节约、环境友好、生态共享的绿色产业。大力发展旅游业，充分发挥旅游业的生态效益，是推动形成新文明的有效通道。

县域城乡环境治理和旅游业的发展，相互促进，互为因果。旅游业的发展需要一定的空间资源环境，生态保护非一日之功，对县域城乡生态环境治理能力提出了非常高的要求。而旅游业的发展，又会以经济激励的方式，反过来带动县域城乡生态环境治理能力的提高。

优良的生态环境，是溧阳旅游业发展乃至溧阳市城乡环境可持续发展的立身之本。以全域旅游为引领，加快推进环境治理现代化，让溧阳的天更蓝、水更清、山更绿、气更新，生态文明建设成果惠及千家万户。为了促进城乡融合、高质量建设宁杭经济带最美副中心城市提供更优生态环境保障，是溧阳全域旅游引领县域治理的重要目标。

溧阳在推进全域旅游创建中，以"三生融合"为重要内容，创新旅游环境保护实践，为全域旅游创建强化县域环境治理攻坚、促进城乡环境契合，乃至其他领域的创新改革提供了重要借鉴。

一、城乡环境治理与溧阳全域旅游生态文明创新

（一）城乡环境治理问题

当前，我国城乡环境问题主要涉及三个层面：一是产业的绿色发展问题，即绿色生产问题；二是城乡环境宜居问题，即绿色生活问题；三是城乡环境治理问题，即绿色生态问题。城乡环境问题因各地情况不同而各异，但确是普遍存在的，且有阶段性的特点，溧阳也不例外。

在全域旅游创建之前，溧阳在城乡环境方面，面临如下问题。首先，在绿色生产上，生态补偿政策机制缺位。由于生态资源的生产和消费具有外部性，生态资源的成本和效益没有纳入产品供给和市场定价机制中，生态要素与产品价格脱钩甚至背离。在这种情况下单纯依靠市场自发调节无法实现经济社会的可持续发展，需要依靠政府构建一套生态资源外部性内部化的制度，使生态资源的外部性"内部化"。尽管从天目湖开发的近 30 年来，溧阳政府始终将生态保护放在经济社会发展的重要位置，但由于国情、地方情况的历史和现实因素，生态补偿政策机制长期处于空白阶段。其次，在绿色生活上，景区内外环境与公共服务缺乏有效协同与衔接。从天目湖景区发展开始，溧阳作为长三角地区著名的旅游城市非常重视旅游景点生态环境的建设与发展，随着时代的发展进步，旅游者和城乡居民对于景区外的城乡公共环境和服务有了更高的需求。最后，在绿色生态上，矿山开采造成的生态问题日益凸显。溧阳市矿产资源开发曾经为经济社会发展和城市建设提供了有力的资源保障，伴随着经济社会的快速发展和工业化、城市化的快速推进，矿山开采造成的植被破坏、山体裸露、土地损毁等问题日益显现，成为影响城市形象的伤疤。

（二）溧阳"三生融合"城乡环境治理框架

全域旅游要求，示范区创建要坚持绿色发展道路，要坚守资源与环境保护底线。

要贯彻"绿水青山就是金山银山"理念，创新资源和环境保护机制，建立自然资源保护性措施和方案，加强资源环境保护力度，平衡保护与开发关系。要以旅游业引领生态文明建设，充分利用现代绿色科技，倡导绿色旅游消费，建设资源节约型、环境友好型旅游产业。

优质的资源与环境，是全域旅游发展的基本支撑和重要内容。做好旅游资源与环境保护工作，是全域旅游发展的基础所在，也是创建国家全域旅游示范区的基本前提要求之一。溧阳在全域旅游创建过程中，从解决城乡环境问题入手，从生产、生活、生态三个维度，在生态补偿机制和绿色产业体系、全域环境整治和城乡建设水平、生态保护与资源环境质量三个方面，创新优化旅游资源环境保护机制，并通过实施取得了良好效果，构建起"三生融合"、生态优先、绿色发展的全域旅游发展思路，加快推进环境治理现代化，为县域城乡生态治理体系和治理能力建设提供了创新示范。

在绿色生产上，溧阳紧紧围绕提升生态产品供给能力，加快建立以产业生态化和生态产业化为主体的生态经济体系，做好基础支撑工作，促进产业结构绿色转型，把生态优势转化为产业优势、经济优势、发展优势，实现经济发展与生态保护相统一，绿色生产和绿色生活相统一，当代发展与永续发展相统一。溧阳通过探索和创新生态补偿机制，构建产业产品生态和生态产品相融合、生态再生产和经济再生产相结合的绿色产业体系。通过生态转换机制的创新，一方面，形成资源消耗和污染产业的高自然成本的内化机制，实现生态资源投入和产出的良性循环；另一方面，筛选出生态绿色产业，搭建起以旅游业为产业生态基底，以先进制造、高端休闲、现代健康、新型智慧"四大经济"为内容的绿色产业体系，实现了绿水青山通向金山银山的有效实践转化。

在绿色生活上，溧阳将全域旅游创建与建设公园城市、统筹城乡发展结合起来，将生态宜居作为全域旅游规划重点，把建设基于精致山水"公园城市"作为目标，通过把公园形态与城市空间有机结合、公共服务与生态、生活、生产功能有机融合，优化提升了城乡产业发展、生活居住、生态保护空间布局，把溧阳1535平方公里打造成一个大的景区，实现景区内外环境与公共服务的有机有效协同。溧阳以"1号公路"沿线98个行政村、312个自然村为重点整治目标，实施沿线沿路的环境提升和景观设计，河塘整治与垃圾处理等"美意田园五项行动"，建成全国乡村旅游重点村3家，全国农业旅游示范点4家，江苏省特色田园乡村7家，江苏省星级乡村旅游区（点）

19 家，282 个美丽宜居乡村，5 个传统村落和传统建筑组群，建成省级村庄环境整治试点村 13 个，国家级生态村 5 个，省级生态村 10 个，实现了国家级生态镇全覆盖，真正实现了溧阳成为一个"大景区"，让干净、整洁、舒适、美观成了溧阳全域环境的新评价。废弃矿山宕山变成江苏最大的县级市城市公园——燕山公园，燕山公园景色优美、设施完备，现已成为广大游客和居民的休闲活动场所，成为溧阳市的一个新地标。大力推进美意田园建设"五项行动"，助力乡村振兴，"1 号公路"、美丽乡村等景区外环境也成为旅游标志物和网红打卡地，11 个星级"溧阳茶舍"精彩亮相，5 个省级特色田园乡村全面建成，溧阳对游客的综合吸引力大幅增强。全域旅游创建带来了游客，美化了居住环境，也大大提升了城乡居民的满意度。

在绿色生态上，溧阳立足机制体制创新，构建了一整套全域一体保障机制、创新了全民参与机制，完善了绿色考核评价体系，出台了生态文明建设工作问责办法。为守住绿色底线，保障绿色发展，溧阳进行了体制机制创新，制订了"建设美好家园"行动计划，重点推进一批生态文明建设工程。投资约 9 亿元，实施了生态水源保护、郊野公园、城镇公园绿地、生态廊道、生态绿道和生态细胞建设。溧阳在加强生态保护的同时加强生态修复，累计投资 40 多亿元治山理水，关停采石矿、砖瓦窑、石灰窑、码头 190 余个，生态修复废弃矿山 50 余座，取得了卓越成效。2018 年溧阳获得"国家生态文明建设示范市"称号、2020 年获评"国家生态园林城市"称号。优美的生态提升了整个溧阳市生态品牌效力，吸引来优质资源，融创中国总投资 280 亿元的曹山未来城、中德富尔达康颐社区等重大项目纷纷落地，旅游业向着高端休闲经济持续攀升。溧阳市全面提升全域环境，坚决打好蓝天保卫战、治水升级战、固废清零战，全市空气质量持续改善，国省考核断面、水源地水质达标率 100%，规划发展村生活污水处理设施基本建成，花园等 3 座污水处理厂投入运行。

二、"三生融合"之全域旅游绿色生产创新

生态补偿机制是搭建绿色产业体系的基础，绿色产业体系则是生态补偿机制进行资源配置的重要结果，二者缺一不可。溧阳在全域旅游创建过程中，创新将构建生态补偿机制与搭建绿色产业体系结合起来，将旅游业真正打造成为"环境更友好、发展可持续、群众得实惠、政府有收益"的"幸福经济"。溧阳市委书记徐华勤曾表

示："绿色发展是构建现代化经济体系的必然要求，要改革完善相关制度，协同推动高质量发展与生态环境保护。绿水青山通向金山银山必须要有一个实践的路径，溧阳则是把'生态创新'作为这样一个实践路径。"

（一）体制机制创新，构建生态补偿机制

由于生态资源生产和消费的外部性，市场在生态资源供需调节中失灵，必然要求政府发挥其在生态资源配置机制上的重要作用。溧阳正确把握经济规律，完善生态补偿机制，严格生态保护，推进生态创新。创新探索生态价值转换机制，构建以生态容量评价体系为基础的市场化区域生态补偿模式，完善生态环境容量评价，赋予生态资源市场价值，实现生态补偿同生态产品生产挂钩，生态成本同资源消耗和污染产品生产挂钩，消除要素价格和产品价格扭曲，形成资源消耗和污染产业的高自然成本的内化机制，赋能绿色产业发展。通过建设区域生态资源交易市场和生态银行，探索生态经济专项债券、绿色企业债券等直接融资方式，创新生态保护投入机制。溧阳建立配套出台了《溧阳市生态补偿转移支付暂行办法》《溧阳市生态红线区域保护监督管理考核暂行办法》和《溧阳市生态红线区域监督管理评估考核细则（暂行）》，2016—2019年，溧阳市生态补偿类收入占比由2016年的0.34%上升至2019年的0.58%，呈现稳定提高趋势，生态补偿机制成效明显。

（二）构建生态经济系统，搭建绿色产业体系

在构建生态补偿机制的基础上，溧阳以绿色发展为导向，加快传统产业转型升级，搭建起以旅游业为产业生态基底，先进制造、高端休闲、现代健康、新型智慧"四大经济"为内容的绿色产业体系。溧阳的绿色产业体系，将绿色生产和生态经济进行融合，推动溧阳全域产业朝高端化、绿色化、集约化发展，促进了生态效率和经济效率的共同提高。以全域旅游形成优质服务供给和生态供给推动项目招引，一批高端休闲健康项目、宁德时代、上汽集团等投资百亿元的重大先进制造项目纷纷落地，锂电池、电动汽车等绿色产业链项目加速集聚，天目湖抽水蓄能电站成为全国工业旅游示范点，依托上汽大通汽车生产基地构建起房车生活家的诗和远方，常规的生产空

间和资源成为美丽的生态表达和惬意的生活享受。以全域旅游形成的美丽城乡环境带来了大量的旅游者，以旅游消费为拉动，带动了有机高品质农产品的生产与销售，促进了溧阳白茶、白芹等特色农产品品牌的推广。以全域旅游形成的"网红1号公路"，带动了220多个乡村旅游点、62个美丽乡村和特色田园乡村的发展，带动沿线10万农民增收致富。以全域旅游形成的溧阳大景区，使全市近10万人捧上了全域旅游的"金饭碗"，年人均增收1万元。

（三）规划引领，持续推进低碳循环经济建设

在构建生态补偿机制和绿色产业体系的基础上，溧阳以践行高质量发展、深化供给侧结构性改革为理念，关停和淘汰影响环境的落后产能，加大对违法违规建设项目的清理力度。同时，全面推进企业、园区、产业和社会的循环经济建设工作，着力实施一批重点节能和循环经济项目，培育一批循环经济示范园区和企业。大力组织实施清洁生产企业示范工程，重点在冶金、化工、机械等制造业领域开展清洁生产。加强固体危险废物全过程的监控和管理，推进危废利用、处置行业产业化、规模化发展，支持和鼓励建筑垃圾综合利用和推广绿色建筑。

（四）矿地融合，开辟绿色产业新空间

土地是全域旅游发展的核心要素，也是制约全域旅游发展的关键因素。溧阳通过对废弃矿山修复，创新土地治理与旅游用地保障措施，解决旅游业发展用地矛盾，促进全域旅游发展。溧阳创新旅游用地治理实践，为其他产业领域乃至整个土地政策的改革创新提供了可借鉴的经验。

在全域旅游创建中，溧阳市以旅游业为导向产业，通过引导社会资本参与矿山生态修复和旅游资源开发，使其成为全域旅游的美丽一极，实现了溧阳全域旅游发展和生态文明建设双丰收，生态效益、经济效益和社会效益的"多赢"，取得了良好的实践效果。一是废弃矿山经过生态修复，消除了安全隐患，确保了周边群众的生产生活安全，提高了人民群众的生活满意度。二是恢复植被景观，生态效益、旅游综合产出效益明显提升。比如，燕山公园就是在原有4个废弃采石宕口基础上，先后投入约3.1

亿元开展生态修复及配建其他旅游设施，成为市民、游客休闲旅游好去处，取得了巨大的社会、经济、环境效益。三是引入社会资本，助力全域旅游开发。结合废弃矿山的山体形态、区位优势、人文历史等因素，因地制宜引入社会资本参与生态修复和旅游开发，戴埠镇望星谷精品民宿、竹箦镇青龙山人防教育基地等都是比较成功的案例。

溧阳市共有废弃矿山宕口63个，其中有37个需要治理。从2017年开始，溧阳市政府先后投入3.4亿元，对废弃矿山宕口因地制宜进行生态修复，每个废弃矿山按照"宜建则建、宜林则林、宜农则农、宜景则景"的原则编制治理方案（一矿一方案），一方面，明确整治实施主体、整治范围、整治方向、主要措施、整治时限、进度安排等，科学有序推进矿山治理工作；另一方面，科学规划、先易后难、分步实施，利用3年时间，从2017年开始到2019年年底前，全面完成历史遗留、责任人灭失的废弃矿山治理工作。治理矿山在2018年、2019年连续两年纳入全市18项重点工作。2019年市自然资源部门还将矿山治理修复与土地开发相结合，并将具备开垦条件的复垦成农用地，让工矿废弃地变"废"为宝。到2020年年底，列入整治的37个废弃矿山全部完成治理任务，所有在采矿山均已达到省绿色矿山创建试点标准。随着全域旅游战略的推进，不少社会资本参与治理并发展旅游产业，不仅为山体疗伤，还建成了公园、精品酒店、茶舍、训练基地等，成为乡村旅游的独特风景，实现了矿山增绿、农民增收的多重效应。

【案例5-1】燕山公园案例

废弃矿山宕口治理以燕山公园为代表。燕山公园位于江苏省溧阳市天目路169号，是目前江苏省最大的县级市城市公园，也是连接城市核心区与南北区及天目湖旅游度假区的重要节点和溧阳两大5A级景区的重要补充，总规划面积2593.63公顷，超过溧阳现有6个公园的面积总和。燕山公园区域内原有4个采石宕口，面积为27.1万平方米，溧阳市利用全国工矿废弃地复垦调整利用试点契机，坚持因地制宜、统筹推进土地开发整治、矿山地质环境恢复治理、工矿废弃地复垦利用等工作有效整合，优质互补，推进矿地一体、双向互动。本着"自然、生态、人文、艺术、活力"的建设理念，通过"整体规划、分期实施、滚动发展"，累计总投资3.1亿元，规划面积近

燕山公园－矿山治理前后对比照

3800 亩的燕山公园正式落成，并免费对外开放。该地区经过全面治理，消除了地质灾害隐患，地形地貌景观、生态环境得到极大改善。新增农用地 300 多亩，植被覆盖率由原来的近乎 0 达到目前的近 100%。燕山公园"矿地融合"项目为地方城市建设和经济发展提供了用地保障，取得了巨大的社会、经济、环境效益，成为市民休闲旅游的好去处，平均每天的游客达到 1 万多人次。

资料及数据来源：根据实地调研情况及溧阳市提供的相关材料整理。

【案例 5-2】望星谷度假村案例

溧阳戴埠镇望星谷度假村的前身是正兴矿，正兴矿废弃后留下了大矿坑，遍地杂草。治理前正兴矿占地约 6.7 万平方米，边坡占地面积约 4 万平方米，废弃占地面积约 2.7 万平方米，坡面一直未治理。废弃地于 2011 年开始治理，经过矿山复绿，改造林相，兴建木屋等一系列工程，把荒山沟打造成了精品度假区，在复垦的同时，局部改造为望星谷旅游项目、攀岩项目，不仅为地方政府带来一定的财政收入，还进一步

望星谷度假村－矿山治理前后对比照

丰富了南山景区旅游的内涵。望星谷地处戴埠镇横涧村，总占地面积700亩，拥有茶山、竹林、河流、矿坑等自然生态资源；首期工程投资约1.2亿元，主要开发建设木屋别墅、房车营地、综合性功能楼、游客中心和独栋别墅。望星谷不仅生态修复成效显著，并且开发了度假酒店、房车营地、户外拓展等，成为南山旅游链上美丽的明珠，每年接待游客3万多人次。

资料及数据来源：根据实地调研情况及溧阳市提供的相关材料整理。

三、"三生融合"之全域旅游绿色生活创新

（一）创新全域环境综合整治

为了实现景区内外环境与公共服务有效协同与衔接，满足旅游者和城乡居民日益增长的绿色生活需求，溧阳坚持以人为本的新型城镇化，大力实施城镇化提升行动，科学布局生产生活生态空间，突出山地特色，健全城乡融合发展体制机制，2016年，溧阳出台《溧阳市城市总体规划（2016—2030）》，对城市空间特色进行明确引导，对于城区，整体保护以团城、护城河、城中河构成"一环一带"的历史城区空间格局特色，进行风貌整治改造，彰显溧阳古城特色。对于新区，加强城市公共休闲服务设施建设，凸显燕山公园、燕湖公园等城市公共开放空间，彰显溧阳新城风尚。

2019年，溧阳市委、市政府印发《关于开展"重大项目攻坚年"和"全域环境攻坚年"活动的实施意见》，溧阳市围绕"重大项目攻坚年""全域环境攻坚年"两大工作主题，破解乡镇停车秩序难点、打造园林绿化服务亮点、深化农村生活垃圾整治重点，全域环境水平得到有效提升。

溧阳市在发展全域旅游的同时，对名镇名村、古镇古村、乡土田园村镇的保护高度重视。成立了溧阳市申报江苏省历史文化名城领导小组，推进溧阳历史文化名镇名村保护工作。编制了《溧阳市沙涨村历史文化名村保护规划》，对具体保护与开发利用提出针对性要求。相关乡镇党委政府按照属地管理职责切实采取相应保护措施，确保村落得到有效保护，免遭破坏。

溧阳坚持"城市即旅游、旅游即城市"大旅游观，把旅游元素注入市民公园、博

物馆、文化艺术中心等城市建设各方面。为美化全域旅游环境，确立"全域环境攻坚年"主题，创新开展"263"专项行动、美意田园行动，针对主要旅游区、旅游廊道、旅游乡村开展洁化绿化美化工程，扎实推进污染防治攻坚战，对破坏周边环境、有损溧阳旅游形象的行为和现象进行严肃查处并督促及时整改。把共建美好家园作为生态文明建设的重要内容，通过农村环境综合整治，在所有行政村实现了生活污水处理设施全覆盖。通过提升生态品质，开展美丽乡村建设，建成国家级美丽宜居示范村2个、省级美丽乡村7个、省级特色田园乡村建设试点村5个，成为全省首批特色田园乡村建设试点地区。获得国家卫生城市、全国文明城市、国家生态文明建设示范县、全国森林旅游示范县多项殊荣。

（二）补齐乡村人居环境短板

改革开放以来，随着市场经济的发展和城乡二元结构的存在，城乡差距日益扩大，乡村衰败与城市崛起产生巨大的反差，从改善乡村人居环境来看，短期缺乏环境整治资金，中期缺乏绿色可持续产业，长期缺乏城乡融合机制。对处于发展中的我国来说，这种问题普遍存在，在县域地区表现尤为突出，尽管溧阳从20世纪90年代初就成为全国百强县并以"生态立市"而闻名，相较其他县域经济体，溧阳经济实力雄厚且较早致力于解决城乡二元分割问题，但乡村人居环境跟城市人居环境相比仍然有很大的差距。全域旅游创建以来，溧阳创新视角把乡村作为发展全域旅游的最大基础，以旅游业为乡村人居环境可持续发展赋能。溧阳在开展两轮村庄环境整治、全面提升2400个自然村的村庄环境基础上，投入8亿元，深入开展"美意田园"建设行动，大力推进美丽乡村和特色田园乡村建设，把村旁、宅旁、路旁、地旁、水旁作为重点，构建点、线、面结合的村庄绿化格局。通过改善农村人居环境，提高农村规划管理水平，提高农村道路建设管护标准。治理农村生活垃圾和污水，实施交通干线沿线环境提升、村庄环境综合整治、农村河塘综合整治、农村生活垃圾整治、生态公墓建设和散坟整治等一系列乡村环境整治行动，使新农村的生态环境质量全面提升，长效管理机制进一步健全，村民环境与健康意识普遍增强。

在推进全域旅游创建过程中，溧阳注重把乡村作为景区来打造，把村舍民居作为景点来建设，妥善处理好改善村民生产生活条件与村落整体风貌保持、传统生活延续的关系，提升镇村服务，统筹全域旅游发展。"美意田园"行动实现交通沿线整治、村庄环境整治、河塘整治、垃圾整治全部达标；清理交通沿线污染源、垃圾堆放、违法标识和广告牌等1554处，交通干线环境"脏、乱、差"问题得到普遍解决；关停港口码头18座，提升码头35座；完成了136个村庄整治，乡村环境得到整体提升。美化农村河塘，完成598个河塘的清淤疏浚，补植绿化5.1万平方米。农村生活垃圾处置得到改革，拆除垃圾房（露天厕所）2507个，新改建公厕128个。零星散坟集中安灵得到改进，新扩建镇级公墓10座，累计迁移散坟1.7万余座，绿化提升30445平方米。这项工程将"零敲碎打"式的专项整治整合为全域范围内的综合行动，跳出"为了整治而整治"的思维禁锢，把农村环境整治上升到打开空间、优化布局的更高层次上来，向整治要空间，向整治要效益，真正打开全域空间，让干净、整洁、舒适、美观成为全域环境的新标准。随着"美意田园"行动的推进，全市城乡面貌日新月异。道路两旁增绿补绿，拆除了主干道沿线的私乱搭建，清理了房前屋后闲置物的杂乱堆放。畅通的村道、整洁的农家、清澈的池塘，这不仅使全市农村人居环境更上一层楼，还促使农村人居环境成为旅游标志物、吸引物以及消费载体。诞生出一批精品民宿，七万亩茶园孕育百家"清风朗月·溧阳茶舍"，蓝城悠然南山引得瑞吉等高端品牌酒店入驻乡间，更多的市民到乡村度假，住民宿，体验农村生活，享受农村人居环境。溧阳获评"中国美丽乡村建设示范县"，李家园村、礼诗圩村、庆丰村获评全国乡村旅游重点村。

乡村旅游区内停车场整改前后对比图

农村危房改造前后对比图

村房改造前后对比图

【案例 5-3】美意田园行动特色做法

美意田园行动明确了"着力整治，让出空间""提升功能、改造环境""注入文化、赋予灵魂"三步走的工作思路。"着力整治、让出空间"，就是对村庄内部的乱堆放、乱披挂，主要道路沿线的乱搭建、零散坟、杆线等进行全面清理，让出空间；"提升功能、改造环境"，就是对村庄实施分类整治，坚持干净整洁、功能完善、生态宜居、整体和谐的原则，在大扫除、大清理的基础上，因地制宜，贯通村内道路、增设健身广场、停车场等公共空间，完善垃圾收集等基础设施；"注入文化、赋予灵魂"，就是坚持村庄文化深入挖掘，立足村庄自然条件、特色风貌和田园景色，塑造了一批吸睛亮眼、个性十足的村庄。

以南渡镇庆丰村为例，庆丰村围绕丰收文化，打造苏南第一方"稻田艺术景观"，成功举办了第一届"四美"丰收节。另外，还打造了社渚镇田冲、天目湖镇谢家头、上黄镇石埠、溧城镇大佛堂等一批有特色、有亮点的村庄。

资料来源：根据实地调研情况及溧阳市提供的相关材料整理。

（三）创新公园城市建设模式

2018年2月，习近平总书记在成都视察时提出"公园城市"理念，主要内涵是坚持以人民为中心、以生态文明为引领，将公园形态与城市空间有机融合、生产生活生态有机融合、自然经济社会人文有机融合，从而实现人城境业高度和谐统一的城市发展模式。溧阳以全域旅游创建为契机，以全域旅游为理念，实施"山水融城"行动，创建公园城市。创新公园城市建设模式，编制覆盖城乡的公园城市规划，探索构建人城境业高度和谐统一的精美城市形态。

溧阳以规划引领创新，制订实施建设公园城市三年行动计划，系统科学地规划南航天目湖校区、焦尾琴公园、白龙池公园、龙湫湖周边和天目湖中心镇区等重点区域的功能布局，通过城乡无界均衡空间布局、城乡同质丰富空间生态、城乡接轨推动空间改造，打造公园城市雏形。以大尺度生态廊道融合城乡空间，以高标准生态绿道串联城乡单元，完善"溧阳1号公路"功能配套、建设溧阳琴廊和森林长廊，打造以"一路两廊"为骨架的生态"绿脉"。以全域旅游为理念，开展"塑园美城"行动，完善城市公园体系，重点以建设城市客厅为目标打造焦尾琴公园，统筹实施丁家山公园、西山河公园等公园建设，让市民亲近自然、享受生活。

通过规划实施管理创新，溧阳将旅游业的发展与统筹城乡绿化一体化发展相结合，推进生态廊道、绿道建设等工程，加快推进"城市公园绿地十分钟服务圈"规划建设，推广节约型园林绿化，完善绿地系统综合功能，保护好城市规划区内水系、山体、湿地、林地等自然生态资源。营造处处皆绿、人人可享的绿色生态生活空间，为创成国家森林城市和国家生态文明试点示范区，天目湖和长荡湖国家湿地公园发挥了示范引领作用。

城市公园——高静园

四、"三生融合"之全域旅游绿色生态创新

（一）创新构建"一带两廊、一核三片"的生态空间保护结构

生态系统保护的多维性、系统性和综合性，是实现生态系统有效保护的基础。溧阳强化对全市城乡生态环境的系统性和综合性保护，做好山区宜林荒山造林，矿区生态修复，平原绿色廊道建设。构建以景观绿带为支撑，绿色廊道为骨架的互联互通的绿色生态体系，提升生态景观。创新构建了"一带两廊、一核三片"的生态空间保护结构，即"一带"为十里长山——南山山水生态保护带，"两廊"为沙溪河生态廊和十里长山——沙河水库山水生态廊，"一核"为天目湖水源保护核心，"三片"为大溪水库西部水源涵养片、沙河水库东部水源涵养片和南部生态保育片。在生态空间保护结构规划的基础上，明确生态空间的重点保护要求，即"天目湖水源保护核心"强化大溪水库和沙河水库水源保护，提升入湖污染拦截能力，保障天目湖水源水质；"十里长山——南山山水生态保护带"重点加强生态受损地区的生态修复，提升廊道生态功能。"沙溪河生态廊"重点保护该廊道的行洪功能，提升河口湿地净化能力；"十里长山——沙河水库山水生态廊"推动廊道内生态保护和污染治理，搭建临湖山体、水体之间物种活动、迁徙和串联的生态通道，提升廊道生态涵养和生物多样性培育功能；"大溪水库西部水源涵养片"和"沙河水库东部水源涵养片"重点加强坡度较陡地区水源涵养林的建设与保护，增强入湖污染拦截能力；"南部生态保育片"重点加强生态受损地区的生态修复，恢复山林自然生态景观。

（二）统筹维护好生态环境优越基底和旅游核心生态资源

作为旅游发展强市，溧阳市委、市政府一直重视生态环境保护工作，从水库生态环境保护做起，把水源地保护工作摆上议事日程，健全实施机制，2017年溧阳市出台《天目湖水源地保护实施方案（2017—2019）》；积极推动立法落实工作，2018年《常州市天目湖保护条例》（以下简称《条例》）正式施行，溧阳成立《条例》贯彻落实领导小组，统筹协调重大工作，研究谋划年度任务。落实天目湖饮用水源地保护5大类15项工程，采取退耕还林、林茶收储、生态清淤、湿地建设、入湖河道整治等措施，完成了生态清淤、退耕还草（林）、污水垃圾集中处理、生态户厕改造、全方位、立体式治污等一系列工程，从更大的范围、更高的标准对天目湖的生态环境实施更有效的保护。

开展生态旅游建设促进环境保护可持续发展。 溧阳按照"全面保护，科学修复，合理利用，持续发展"基本原则，先后投资3.4亿元在湿地公园及其周边开展了退塘还湿、退渔还湖、退耕还林、鸟类栖息地恢复、水质改善、综合环境整治等一系列湿地保护措施，同时补齐其旅游公共服务设施短板，建成湿地科普馆，为丘陵地区流域污染的防治和太湖流域湿地的恢复提供典型示范，2018年6月，天目湖国家湿地公园（试点）正式通过国家级评估验收，可以更加有效地调蓄水源、净化水质、保存物种。

改进环保监管执法模式。 溧阳完善失信联合惩戒机制，放大污染防治攻坚监督平台作用，系统化提升治理成效；严格执行项目建设环境准入负面清单与生态补偿、责任追究制度，全面落实环境监管网格化和环境执法"双随机一公开"制度，持续开展各类环境执法专项行动；环境保护部门加强与公检法等部门的联动执法，同步运用法律、经济、行政手段合力打击各种环境违法行为。

严控农业面源污染。 为削减沙河、大溪两水库总氮和总磷含量，溧阳大力推进天目湖临湖面茶园、林地（林产）流转工作，对四周迎水面的土地全部流转归属地政府统一管理，或栽植生态林或任其草木自然生长，以增强水源涵养、保持水土功能。2019年，完成沙河水库临湖面16341亩林茶地（含附属物收购）流转，其中，茶园3090亩。2020年，大溪水库临湖面林茶地（含附属物收购）预计流转5800余亩。

大力整治生活污水。 为杜绝天目湖周边生产、生活点源污染，溧阳大力开展生活污水整治工程。截至目前，已对临近沙河、大溪两大水库的94个自然村，4236户农户及保护区范围内农家乐的生活污水进行了收集和集中处理。

全程动态科学管理。 天目湖旅游度假区管委会常年与中科院南京湖泊研究所合作，聘请专家学者对水源全程跟踪、动态监测，并对环境整治工程实施情况进行绩效评估，根据专家的意见和科学的数据来指导生态环境保护工作。累计实施退耕还林2.86万亩、封山育林1.84万亩、退渔还湖0.65万亩。

有序开展生态修复。 近年来，溧阳在天目湖镇两大水库汛限水位和入湖河道规定范围内，持续开展退耕还林工作，计划每年新增退耕还林面积2000亩以上。据统计，2019年，天目湖镇新增退耕还林3506.86亩，累计退耕还林面积2.84万亩，2020年，新一轮退耕还林计划新增3370亩。这些举措为全域旅游发展打下了坚实的环境基础，环境保护与全域旅游发展相辅相成，相互推动。

（三）建立长效管理机制，持续维护城乡自然生态系统

维护良好的生态系统并非一时之功，需要长期有效的管理。在城乡自然生态系统保护中常出现环境整治反复和管理不到位的现象，多头管理是重要原因，多头管理易造成遇到问题出现相互推诿的情况，难以实现长期有效管理。为推进村庄生活污水治理和美丽乡村、特色田园乡村等村庄环境综合整治，推进天目湖镇、戴埠镇、竹箦镇、埭头镇4个镇国家级生态文明建设示范镇创建工作，推进天目湖国家森林公园、天目湖国家湿地公园、长荡湖国家湿地公园等生态核心区更高水平建设与保护，溧阳建立了河长制、湖长制等长效管理机制，持续生态绿城建设。首先，明确主要管理者，落实工作职责，健全组织体系。按照"一河一策""一镇一策"的方式，因地制宜设定任务书，建立责任归属联系人员清单，对内接受各级管理者协调、督察、考核，对外向公众进行公示，接受公众监督。

其次，加强各方联动，健全的组织体系，以及既定的行动计划，加强各部门联动，形成各负其责，密切协作，齐抓共管的河、湖、库管理格局；强化监管，确保常态长效。强化日常监管巡查和空间动态监管，及时发现和处置新增违法建设和生态问题，将问题消除在萌芽状态，在清除违法存量的同时，遏制违法增量。

与此同时，通过"民间河长"聘请，"五好河道""样板河道""最美河长"等评选，以及形式多样的宣传发动，引导更多的人参与到河长制、湖长制等管理中来，形成"共管、共享"的良好氛围；在全域环境保护等各项举措的基础上，通过发展全域旅游，实施全域环境攻坚、美意田园行动等，用经济的手段对保护生态环境的行为进行激励，不断巩固治理成果。

第六章　县域城乡生活融合

——全域旅游公共服务创新

燕湖公园

　　社会公共服务的发展，对城乡居民以及城乡外来旅游者都具有重要意义。对于当地居民而言，公共服务与城乡居民生活质量、生活满意度紧密相关，直接影响着当地居民的生活。对于城乡外来旅游者而言，公共服务是构成旅游吸引物和旅游消费产品的重要组成部分。同时，促进社会公共服务发展，提升城乡居民和旅游者的满意度，也是我国县域治理和全域旅游发展的内在要求。一方面，发展让人民满意的城乡公共服务，是我国"以人为本"社会治理体系的核心要求，是县域治理的重要一环，是实现城乡融合的重要组成部分。另一方面，发展让旅游者满意的城乡公共服务，是旅游业发展不可或缺的基本要素，是全域旅游的核心内容和基本保障。

　　当前，我国尚处于社会主义初级阶段，社会公共服务相对滞后，城乡公共服务尤其是乡村公共服务，无法满足人民日益增长的生活需求，成为当前县域公共服务实践中亟待解决的重要难题。通过旅游公共服务适度超前发展，能够引领社会公共服务发展。溧阳在推进全域旅游创建中，创新全域旅游公共服务实践，通过适度超前发展旅游公共服务，优化全域旅游发展环境，满足游客旅游需求的同时，促进了居民生活品质的提升，引领了整个城乡社会公共服务的发展进步，促进城乡生活翕合。为全域旅游创建引领主客共享的公共服务提升，促进县域城乡生活融合实践，提供了重要借鉴。

一、城乡生活融合难题与溧阳全域旅游公共服务治理创新

（一）城乡生活融合主要问题及成因

城乡生活融合问题的实质是民生问题，是城乡居民在获取公共服务中的差距寻求弥合的问题。从总体上来说，我国城乡生活融合问题主要体现在三个方面，一是社会公共服务相对滞后，城乡公共服务无法满足人民日益增长的需求。二是城乡之间公共服务差距大，乡村公共服务成为城乡公共服务短板。三是城乡之间公共服务呈现差异性短缺，即由于人口的流动，造成了人口流出地和流入地公共服务新的不均衡。

既有供给总量的问题，又有供给分配的问题。导致上述问题的核心，是公共服务供给的资金来源问题，是由公共服务供给质量和水平与公共服务供给的资金量不匹配造成的，与政府的治理能力、水平、方式紧密相关。

一方面，社会总公共服务供给水平由公共服务供给的资金量决定，公共服务供给相对滞后，说明公共服务供给的资金总量不充足，无法满足居民和旅游者的需求。随着经济发展的巨大进步，居民收入持续提升，人们对所在居住区域中的公共服务需求也同步提升。但现实的国情，我国仍然是发展中国家，财政支出需求大、范围广、包袱重，地方政府大多无法在短时间内完全支撑起居民增长的公共服务需求。

另一方面，城乡之间公共服务的差距，实质是公共服务在城乡之间配置不均的问题，城乡之间公共服务的配置取决于政府治理的方式、方法、能力、水平以及发展战略、目标等多重因素。正是由于公共服务的资金主要来自地方政府财政收入，而财政收入的多少因地方而异，这就造成地区之间、城乡之间存在公共服务不均等的现象。同样，不同时期，国家发展战略的侧重也会有所不同，因而公共服务资金在地区间、城乡间也存在很大的差异。

县域作为城乡融合实践的重点区域，促进城乡生活融合需要做到以下两点。一要大力发展地方经济，增加政府财政收入。扩大公共服务的资金供给来源，从经济上根本解决公共服务供给能力问题。二要提升县域政府的治理水平和统筹发展的能力，从体制上解决公共服务科学统筹分配的问题。

（二）溧阳全域旅游城乡生活治理框架

完善公共服务，促进城乡生活融合是县域治理的重要目标。溧阳创新将全域旅游创建与完善县域公共服务实践有机结合，以发展旅游公共服务为引领，创新县域公共服务供给机制，多渠道扩大资金供给来源，从根本上提升公共服务供给能力和水平。全域旅游溧阳实践，不仅是深化改革创新，推进溧阳旅游高质量发展的具体实例，也是县域政府治理水平和统筹发展能力的具体体现。

溧阳充分发挥旅游公共服务引领城乡公共服务发展的优势，搭建全域旅游城乡生活治理框架，通过创新"旅游＋公共服务"方式，弥合城乡公共服务鸿沟，走出一条全域旅游县域治理创新下的城乡生活翕合之路。

1. 完善旅游公共服务基础设施，创新基础设施建设设计，为资源引进铺路

公路是旅游业发展的前提和基础，是旅游业发展最重要的基础设施，同时也是县域经济发展的第一步。"要想富，先修路"，是我国改革开放，县域经济发展的重要实践经验。溧阳创新将既有的"农路"提档升级为"旅游公路"，以旅游公路为引领，提升当地以公路为重要内容的公共服务基础设施建设，提高县域城乡公共服务基础设施供给水平，实现主客共享，一方面，满足当地居民和旅游者对公共服务日益增长的需求，另一方面，为吸引客源、项目资源、人才资源铺路。

2. 统筹规划引领，创新旅游公共服务供给机制，引领乡村公共服务的发展

在公共服务供给方面，我国各地方政府普遍将公共服务建设与当地常住人口公共服务需求相挂钩，这就在很大程度上造成了城乡公共服务不均、旅游公共服务发展受到制约的问题。各地方政府通常不把旅游公共服务项目作为一个单独的项目或体系纳入城市建设和规划中，这使得旅游公共服务建设和当地公共服务建设相割裂，无法形成合力。溧阳创新将旅游需求纳入当地公共服务建设中，将市民需求和农民需求统筹规划，旅游需求和当地居民需求统筹规划，建设城乡融合、主客共享的公共服务，充分体现了溧阳政府统筹公共服务建设的能力。以溧阳"1号公路"建设为例，溧阳以统筹规划引领公共服务建设，统筹城乡公共服务建设、统筹旅游需求和常住人口需求，将旅游公共服务建设、县域公共服务建设同县域经济发展结合在一起。统筹县域

全域交通公共服务建设，以落后的乡村区域为重点，规划旅游 1 号公路建设，不仅把县域对外的客流资源通道直接与落后的农村地区连接起来，也把城市和乡村连接起来，形成全域化旅游交通网络。在全域化的旅游基础交通网络之上，溧阳创新将公路本身及其两侧乡村环境进行了整体升级，在对农路本身进行美化的基础上，对农路两侧的乡村环境进行了"美意田园"建设，将农路及其周围环境打造成为"最美 1 号公路""最美乡村"等网红旅游吸引物，在提升旅游公共服务的同时，也促进了县域城乡的公共服务发展。

【案例 6-1】"1 号公路"交通公共服务提升方案

溧阳市抢抓"全域旅游发展"机遇，积极探索"交通＋"新路径，以"四好农村路"为载体，按照"全国一流、全省示范"的标准，打造特色农路品牌——溧阳"1号公路"。市交通运输局按照布局合理、功能适当的原则，建设完善高品质的观景台、驿站、茶舍、房车营地、停车区位等旅游配套服务设施，丰富旅游供给，为游客增添各种不同的旅游体验。在管理上创新机制、落实责任，制定出台了《溧阳"1号公路"路域环境综合整治行动方案》，积极试行"片区管理"路政管理运营新模式，全面推行路政养护联合巡查机制，对已建成的 300 多公里溧阳"1 号公路"沿线绿化和村庄环境开展整治提升，创造"畅通、安全、舒适"的通行环境。

溧阳市"1 号公路"路域环境综合整治行动方案

为适应乡村振兴战略发展要求，进一步提升"1 号公路"品质。经研究，决定在全市范围内开展"1 号公路"路域环境综合整治行动，现制定方案如下：

一、指导思想和目标要求

以习近平总书记对"四好农村路"建设的指示为指导思想，按照"政府主导、属地管理、部门联动、社会参与、突出重点、标本兼治"的原则，围绕"环境优美、安全便捷、监管有力、服务一流"的目标，着力提升"1 号公路"沿线环境面貌，美化沿线村庄景观，实现路面、公路用地及公路建筑控制区干净整洁，无违章建筑，无违法设施，无违法广告，创造"畅通、安全、文明、生态、优美、舒适"的公路通行和旅游环境。

二、整治范围及内容

整治范围包括溧阳市境内已建成、在建或待建的"1号公路"及其附属设施，沿线村庄和道路两侧可视范围内影响路域环境的区域。整治内容主要包括村庄环境、垃圾污染、边坡种植、杂乱管线、户外广告、扬尘污染、平交道口以及道路沿线苗圃等方面。

（1）村庄环境。各镇区要结合特色田园乡村建设等工作，对"1号公路"沿线村庄环境开展大力整治。要按照沿线村庄的自然条件，因地制宜、就地取材，深度挖掘历史文化，充分展示当地特色，让"1号公路"两侧建筑美观整洁，无残墙、断壁、破房，在公路用地范围和建筑控制区无新批建筑构造物，打造沿线最美村庄田园风光带。（牵头单位：属地镇区；配合单位：市住建委）

（2）垃圾污染。全面清理"1号公路"沿线、桥下空间和周边可视范围内乱堆乱放的生活垃圾、建筑垃圾、暴露渣土及"白色垃圾"。禁止村民和厂矿企业乱倒生活和建筑垃圾，全面清理沿线村庄的柴垛、杂物，科学规划和设置垃圾房（桶），禁止沿线村民在公路两侧堆放各类杂物。（牵头单位：属地镇区；配合单位：市交通运输局）

（3）边坡种植。全面清除"1号公路"沿线村庄段、公路用地范围内种植的农作物，禁止在公路用地范围内种植农作物。（牵头单位：属地镇区；配合单位：市交通运输局）

（4）杂乱管线。沿线上跨公路的弱电线、低压电线一律下穿过路，公路绿化带内的弱电线杆、低压线杆全部迁移至公路用地外侧。禁止在"1号公路"用地范围和建筑控制区内新增上跨公路的弱电线路、低压电线路。（牵头单位：属地镇区；配合单位：管线涉及部门）

（5）户外广告。加强公路沿线广告治理，拆除未经许可的不符合旅游公路元素的户外广告，对虽已许可但立面破损、结构锈蚀的应责成产权单位修复出新。同时，沿线商铺门头牌匾要做到整齐、规范、美观。（牵头单位：属地镇区；配合单位：市城管局）

（6）扬尘污染。加强涉路工程管理，突出抓好公路建设施工扬尘整治，围绕施工现场、物料存储、拌合站、取存土场等关键环节，落实洒水抑尘、料场覆盖、湿法作业、道路硬化、密闭运输、车辆冲洗等防尘措施，确保达到物料存放不裸露、施工作业不扬尘、工程渣土不外溢、大风天气不施工、物料运输不抛洒、车辆上路不带泥"六不"标准，营造规范、绿色、文明的旅游公路施工环境。（牵头单位：市交通运输局；配合单位：市公安局、环保局）

（7）平交道口。规范现有平交道口，做到视线通透、搭接顺适，路面硬化不少于50米，新增平交道口的搭接要严格执行审批程序，硬化长度不少于100米。（牵头单位：市交通运输局；配合单位：属地镇区）

（8）沿线苗圃。各镇区要加强对沿线苗圃的管理，所有苗圃与公路的搭接道口，做到视线通透、搭接顺适，路面硬化不少于50米，苗木装卸场地必须作硬化处理，不得占用公路路面进行装卸作业，运输车辆不得带泥上路。（牵头单位：属地镇区；配合单位：市公安局）

资料来源：根据溧阳市相关文件整理。

---

3. 旅游公共服务与县域发展融合，创新县域公共服务资金渠道来源机制

地方财政资金是县域公共服务发展的主要来源，由于地方财政资金往往体量小，支出需求范围大，我国县域公共服务发展长期受到资金制约。因此要发展公共服务，就需要丰富公共服务资金来源渠道，增加非财政资金来源。溧阳将县域公共服务发展与旅游公共服务发展融合，创新县域公共服务资金渠道来源机制，将传统农村路提升、乡村公共环境整治、乡村图书文化馆、乡村老旧宅地改造等长期缺乏足够资金支持的公共服务直接与旅游产业经济发展挂钩，采用政府+公司+村集体+个人的模式，让公共服务供给成为可以享受收益的产业，吸引多渠道资金为城乡提供公共服务。

4. 统筹城乡公共服务资金配置，优化城乡公共服务建设分配机制

溧阳市根据江苏省旅游发展专项资金管理精神，出台了《溧阳市旅游发展引导资金管理办法》，针对旅游规划、重点项目建设、公共服务设施建设、旅游营销宣传、旅游商品研发、人才培养等领域划拨专项资金。多年来连续划拨全域旅游专项资金，做到专款专用，精准扶持旅游发展中的薄弱环节，切实发挥了财政资金的引导作用。

二、创新模式补乡村公共服务发展短板

由于中华人民共和国成立以来很长一段历史时间的城市优先发展战略，乡村处于整个县域公共服务的短板位置，因此，补乡村公共服务短板是促进城乡融合的一个重要的方面。溧阳在全域旅游建设中，创新"旅游 + 公共服务"模式，带动乡村公共服务发展。

一是通过旅游与康养融合，带动县域医疗服务供给数量和质量双增长。溧阳通过利用全域美化、旅游业发展奠定的生态品牌优势，高起点建设以休闲康养为主体的天目湖"生命康原"全产业链健康养生示范基地，中国平安健康城、中德富尔达康颐社区等重大康旅融合项目纷纷落地。此外，引进江苏省人民医院、江苏省中医院在溧阳设立分院，打造苏皖省际边界地区医疗高地，为城乡居民尤其是乡村居民带来更多、更高水平的医疗服务资源。

二是农业公路提档升级为旅游公路，提升农村交通服务质量，实现主客共享。交通服务中的城乡差距问题是城乡融合中的重要问题。投入大、投资难回收是农村交通服务，尤其是农村公共交通服务中的关键难点。"溧阳1号公路"依托既有较为完善的农村公路路网，大力推进城乡公交一体化，以旅游产业作为投资效益增长点倒逼农村交通公共服务整体升级，在实现产业效益增加的同时，实现主客共享。"溧阳1号公路"在全国率先试点"镇村公交"模式，串联起村与村、村与镇之间的往来。目前全市共投放镇村公交220辆，开通97条线路，实现全市所有镇区、行政村公交一体

村内链接道路提升对比

化、全覆盖。大力发展个性化旅游公共交通出行方式，开通"1号公路"旅游专线3条，布局86个共享汽车点位，连续4年被江苏省交通运输厅评为城乡道路客运一体化发展水平5A级。

三是全域旅游与乡村振兴战略结合，完善乡村旅游公共服务，建设美丽乡村和生态乡村。

溧阳将全域旅游与乡村振兴战略有机结合，大力加强乡村旅游基础设施和公共服务，建设美丽乡村和生态乡村，以乡村旅游公共服务发展，引领带动乡村公共服务建设，迅速改善乡村基础设施薄弱、公共服务水平较低的问题。溧阳在全域旅游建设中，推进美丽乡村和生态乡村建设，首先，提档升级农村公路网成为美丽的"1号公路"，完善了乡村全域交通网络设施，将乡村、城市、景区、交通枢纽连接起来。其次，完善了乡村水电、卫生环境等基础设施，改善乡村生活景观和生活设施。再次，建设游客服务中心、标识系统、停车场、网络信息服务等旅游服务系统。此外，还建

改造前和改造后对比图片

设乡村绿道、休闲步道等旅游交通服务设施。

三、创新公共服务可持续供给机制

资金是公共服务发展的根本要素，由于公共服务的公益性、非营利性，公共服务供给受到资金供给的制约。因此，实现公共服务资金供给的可持续，是县域公共服务供给持续满足人民需求的关键。

溧阳采取"旅游＋公共服务"的产业驱动模式，把公共服务供给质量和水平与当地经济发展、公司收入、民众收入挂钩，让公共服务搭上旅游产业发展的翅膀产生效益，解决县域尤其是乡村基础公共服务可持续发展的难题。

历来乡村基础设施建设、公共空间及公共服务设施等公共服务供给都是"老大难"。溧阳以全域旅游建设和乡村旅游发展为契机，使整个乡村公共服务建设转变为旅游产业投资，完成农村污水管网治理、电力上改下、全域景观建设、道路硬化等基础设施工程，实现乡村空间景观化，将农村环境，农村公路、农村图书馆、农村栈道、农村非遗文化、农村景观、农村长廊等零经济回报式公共服务投入，转变为重要的旅游吸引物，变农村为美丽乡村和网红旅游目的地，形成农村可带来货币价值的产业资产，形成"产业能做大、农民能增收、集体有收益、企业有效益"的公共服务可持续供给机制，带动乡村振兴，增加乡村公共服务投资回报率和投资效果，解决农村公共服务可持续供给难题。

礼诗圩村文化礼堂

礼诗圩村荷塘

礼诗圩村西广场

礼诗圩村内小景观提升

第七章 县域城乡治理匡合
——全域旅游治理模式创新

2021年，中共中央政治局召开会议，会议指出，"推进基层治理体系和治理能力现代化建设，是全面建设社会主义现代化国家的一项重要工作。各地区各部门要从巩固党的执政基础和维护国家政权安全的高度，深刻认识做好基层治理工作的重要性。要加强基层政权治理能力建设，健全党组织领导的自治、法治、德治相结合的基层治理体系。要构建网格化管理、精细化服务、信息化支撑、开放共享的基层治理平台，加强基层工作队伍建设，要切实加强组织领导，健全各级议事协调机制，形成推进基层治理现代化建设的整体合力"。

县域治理是国家治理的基础，习近平总书记强调，"推进国家治理体系和治理能力现代化，必须完整理解和把握全面深化改革的总目标"①。因此，要实现县域治理体系和治理能力现代化，促进县域实现系统性、整体性、协同性的改革，就"必须以更大的政治勇气和智慧，不失时机深化重要领域的改革，攻克体制机制上的顽瘴痼疾，冲破思想观念障碍，突破利益固化的藩篱"②。

旅游业作为一个关联全局的重要产业，旅游治理能力和治理体系是国家治理能力和治理体系的综合折射，最能体现一个国家或者某个地区的综合治理水平③。改革创新是全域旅游建设的核心内涵，因而全域旅游示范区创建对县域治理水平和能力提出了非常高的要求。全域旅游的溧阳实践是旅游业高质量发展的创新行动，是政府在主动深化改革过程中创新能力、治理能力和统筹能力的具体体现，是我国县域治理体系和治理能力建设的优秀实践成果。全域旅游溧阳实践为江苏省社会主义现代化建设试点提供了溧阳方案，为长三角地区城乡融合发展提供了溧阳路径，为我国以全域旅游推动县域治理模式建设提供了溧阳经验。

一、县域治理要求与溧阳全域旅游治理逻辑

随着经济的发展进步，产业之间的边界越来越模糊，呈现出融合特征。经济发展中的融合规律决定了社会治理中要采取顺应经济融合发展规律的治理模式，因此，就

---

① 2014年习近平在省部级主要领导干部学习贯彻十八届三中全会精神全面深化改革专题研讨班开班式上的讲话。

② 2013年7月23日，习近平在武汉召开部分省市负责人座谈会时强调。

③ 根据戴学锋在2018年旅游学刊笔谈内容整理。

要对社会治理中不符合经济发展规律的模式进行改革，促使社会治理模式向顺应经济融合规律的系统化、整体化、协同化方向转变。

旅游业作为现代服务业，具有典型综合性、融合性特征。全域旅游就是以改革创新为核心，顺应旅游业发展规律的治理模式。全域旅游示范区的创建，实质就是以旅游业为产业试验田，创新社会治理模式，建立顺应经济发展规律的体制机制和政策措施，推动治理体系和治理能力现代化。

在县域治理中，促进城乡融合是重点也是难点，这就要求县级政府具有把握经济发展规律、抓住主要矛盾、统筹施政的能力。经济发展决定社会治理模式，合理的社会治理模式会促进经济的发展；反之，不合理的社会治理模式则会制约经济的发展。县域治理中城乡割裂、难以融合现象的主要成因在于传统的治理方式，在于既有体制机制中存在不适应新发展需求的因素。旅游业作为综合性、融合性的经济产业，在发展的过程中，必然会受到传统社会治理模式的阻碍，全域旅游示范区的创建，就是要破除这些阻碍，创新社会治理模式，促进旅游业进一步发展。

溧阳在全域旅游创建中，充分认清并把握住这一规律，抓住城乡融合这一县域治理中的主要矛盾，统筹城乡、统筹常住人口需求和流动人口需求，将全域旅游作为推动县域治理模式创新的试验田，以体制机制创新、政策措施创新破除旅游业发展障碍，为县域治理体系和治理能力现代化打下实践基础。

二、创新体制机制充分发挥政府主导作用

旅游业是综合性产业，涉及产业面广，具有产业融合性特征，因此全域旅游示范区的创建要求政府应具有全局观、系统观和统筹观。体制机制创新是县域治理体系和治理能力现代化的重要要求，是国家全域旅游示范区建设的重点内容，是发展全域旅游的基本保障，也是国家全域旅游示范区建设的重要意义所在。

（一）建立党政统筹的全域旅游组织领导机制

就旅游业发展而言，我国已经步入大众旅游时代，最典型的特征就是旅游者不再围于景区的围墙内，而是向城市、乡村更广阔的地区延伸，全域式的旅游业发展方式

与景区式的旅游业管理方式形成矛盾，而适应全域式旅游业发展的相应治理与监管跟不上，这是旅游业治理中无法回避、必须解决的现实问题。溧阳市历来都非常重视旅游业的发展。2016 年 11 月，溧阳成功入选国家全域旅游示范区创建名单，为全面推进溧阳市创建"国家全域旅游示范区"工作，2018 年中共溧阳市委、溧阳市人民政府印发了《关于加快推进全域旅游发展的实施意见》，制定了创建工作方案，成立了由市委书记蒋锋和市委副书记、市长徐华勤担任组长，各部门领导参加的"加快推进全域旅游发展领导小组"。领导小组下设台账小组、建设小组、迎检小组等专项任务工作组，独立办公场所办公，人员配备齐全，专项经费充足。为保证创建工作高效有序进行，溧阳市定期召开会议，研究重大事项和战略部署，形成决议，并将全域旅游发展和国家全域旅游示范区创建工作列入人大和政协年度重点工作，形成督办机制，定期督办、协商，及时解决重大问题，同时，中共溧阳市委印发年度全市督查工作重点，将全域旅游作为重点督查项目，同时印发《督查专报》对全域旅游重点项目进行督查督办。2017—2019 年，政协关于全域旅游工作的提案 47 条，在溧阳市全域旅游领导小组的领导下，各部门高效配合，切实保障了全域旅游工作的落实和快速推进。

国家全域旅游示范区创建工作部署会

（二）创新旅游综合协调机制

1. 成立旅游事业指导委员会，建立联席会议制度，定期开展会议形成决议

溧阳成立旅游事业指导委员会（简称旅指委），建立联席会议制度，旅游管理从"单兵作战"向"协同作战"的旅指委模式跨越。溧阳市为全面推进旅游事业发展工作，加强有关部门之间的配合，早在 2002 年，溧阳市人民政府便成立了旅游事业指导委员会，由市政府市长或常务副市长任主任，委员会下设办公室，办公室设在市旅游局，由旅游局局长兼任办公室主任。旅指委成员单位涵盖溧阳市政府所有职能部门和所有镇区，统一研究旅游发展的方针、政策，协调解决旅游工作的重大问题。溧阳市设立的旅游事业指导委员会，充分发挥治理的实际作用，与时俱进紧跟旅游业发展的步伐，持续优化和完善，分别于 2006 年、2008 年、2009 年、2011 年、2017 年对溧阳市旅游事业指导委员会进行调整优化提升，形成了党政统筹领导、部门协作、各镇争先，职责清晰、分工明确的全域旅游示范区创建格局。全域旅游工作开展之时，旅指委发挥了全域旅游联席会议制度的职能，定期召集各部门协调解决全域旅游发展中的问题，统筹产业融合发展事宜，每年召开旅游类重点会议及活动，研究部署规划论证、项目落地、产业政策、假日运行、赛事节会等重要工作，旅指委发挥作用明显，促进溧阳市旅游业迅速发展。

2. 旅游管理体制改革，旅游主管部门行使综合管理职能

溧阳市旅游局前身为 1992 年成立的"溧阳市外事旅游接待办公室"。为加快推进旅游业发展，溧阳市于 2001 年专门成立了溧阳市旅游局，作为独立的旅游管理机构。为强化和完善旅游局的职能，溧阳市于 2019 年进行了机构改革，成立溧阳市文体广电和旅游局，调整优化旅游局的主要职责、内设机构和人员编制，增强旅游行政管理部门的综合管理能力，承担起全域旅游示范区创建需要的旅游资源整合与开发、旅游规划与产业促进、旅游监督管理与综合执法、旅游营销推广与形象提升、旅游公共服务与资金管理、旅游数据统计与综合考核等多项职能。通过体制改革，进一步完善了文旅产业融合、全域旅游发展的体制基础，旅游综合管理能力上了一个新台阶。溧阳新一轮旅游主管部门的改革，调整优化旅游局的主要职责、内设机构和人员编制，扩大了管理权限，增强了旅游行政管理部门的综合管理能力。溧阳改革后的旅游管理体制是适应旅游业作为综合性、融合性产业发展规律的治理机制，能够更好地促进全域旅游的发展。

溧阳除了增加旅游主管部门的综合管理职能之外，还分别在各个区镇设旅游管理委员会，实行镇区统一的管理模式，加强适应全域旅游发展的管理职能，分别成立天目湖镇和天目湖旅游度假区管委会、戴埠镇和南山景区管委会、上兴镇和曹山旅游度假区管委会、别桥镇旅游管理办公室，突破旅游经济发达镇在发展过程中遇到的体制机制障碍，创新管理体制，扩大管理权限，充分发挥旅游产业在区域经济社会发展中的辐射带动作用。

3.建立旅游综合监管机制，实施镇区合一的管理体制，一站式解决旅游执法问题

溧阳市整合文化旅游执法职能和执法队伍，成立文化旅游市场综合行政执法大队作为常态化的综合执法机构，一站式解决旅游执法问题。溧阳市实施镇区合一的管理体制，天目湖旅游度假区管委会成立天目湖综合执法局和旅游巡回法庭，强力推进全域旅游市场秩序整治和综合监管。此外，景区配置旅游警察，与旅游综合执法人员联合维持旅游市场秩序，同时在派出所设立旅游纠纷调解室解决旅游纠纷问题。各部门协调配合、各司其职，提高依法治旅的效果。溧阳因地制宜、把握机遇，创新开设了旅游巡回法庭，开展旅游巡回审判工作，在维护溧阳旅游业稳定发展大局的同时取得了良好的法律效果和社会效果。

【案例7-1】旅游巡回法庭——溧阳市人民法院天目湖人民法庭特色品牌项目

溧阳是国家级优秀旅游城市，旅游业已成为溧阳的支柱、特色产业之一。为促使溧阳旅游业健康、持续发展，维护游客的合法权益，有效规范旅游市场秩序，遵循旅游市场特殊规律，快速及时地解决旅游纠纷，建立起与旅游景区特点相适应的就地立案、就地审理、就地裁决的处理机制，构建旅游市场综合整治长效机制，维护溧阳旅游市场的良好形象。2013年4月，溧阳市人民法院成立旅游巡回法庭，这在江苏省范围尚属首家，旅游巡回法庭与天目湖人民法庭合署办公，具体工作由天目湖人民法庭

负责，在天目湖和南山竹海景区分别设立巡回审判点，采取驻庭办公和巡回审判相结合的方式开展工作。

为实现管理资源共享和职能优势互补，与旅游局、工商局、公安局、司法局等多家单位联合启动旅游巡回法庭联动解决纠纷工作机制，首次将联动解决纠纷机制引入旅游巡回审判工作中，在全国法院成立的旅游巡回法庭中处于领先地位。旅游巡回法庭还与旅游局、工商局、公安局、司法局等多家单位建立处理旅游纠纷先行赔付机制，并设立先行赔付基金。

"旅游巡回法庭项目"被溧阳市依法治市领导小组确定为 2014 年法治溧阳建设十件实事之一。"旅游业司法保障新引擎——旅游巡回法庭"被常州市委政法委评为 2013 年度第七届"政法工作创新创优奖"之十佳创新创优成果。"运用法治方式解决旅游纠纷项目"被溧阳市依法治市领导小组确定为 2015 年法治溧阳建设十件实事之一。

资料及数据来源：根据调研及溧阳市提供的相关材料整理。

（三）创新旅游数字化治理方式

数字经济的快速发展将我国正式带入数字时代。数字时代的来临在给政府带来机遇的同时也带来了挑战，数字经济和数字社会的发展要求政府形成数字化的治理理念、治理架构、治理组织职能。溧阳在推进全域旅游创建中，创新旅游数字化治理方式，提升旅游管理水平，有助于减少治理供给和需求之间的信息不对称，有助于改进政府与民众之间的互动方式，有助于将民众纳入治理中来，充分发挥民众的主人翁精神，实现政府治理与民众自治的双融合，为县域治理方式数字化提升提供了优质的实践范本。

1. 搭建数字化统计体系，为县域治理决策赋能

为探索建立适应全域旅游发展、涵盖涉旅产业全要素、科学准确反映旅游对国民经济发展贡献的旅游统计新模式，溧阳市从 2016 年开始摸索调整旅游统计的口径与方式，提升信息化数字化统计模式。通过搭建数字化统计体系，统计内容更加准确、

完善，为县域治理夯实决策基础。首先，统计范围更广，统计口径更加全面，从原来只包含景区景点、星级酒店、旅行社等旅游企业的统计范畴扩大到包含农家乐、民宿等乡村旅游服务，能够更全面地反映旅游从业人数、旅游税收等统计指标。其次，提高统计人员的工作效率，提高准确度。通过对统计人员进行数字化统计岗前培训，熟练操作报送系统，由市级层面、镇区级层面和各旅游单位组成三层统计专业人员，实行分级统计上报、审核制度。最后，统计数据更加准确，准确地反映全域旅游下旅游业对 GDP 的贡献情况，反映农民增收得实惠的情况，反映游客的消费情况，能够为县域治理提供多维度的决策数据和依据。

2. 打造全域旅游大数据云平台，提升智慧旅游服务和治理水平

溧阳依托溧阳市无线城市、数字化城市建设工作，在已建成的旅游信息平台的基础上，建设旅游公共信息数据库和旅游统计数据中心，支撑跨行业、跨部门、跨企业间的信息共享与业务协同，实现旅游信息化资源的整合利用，将全域旅游大数据云平台项目与溧阳市网格化服务管理中心、12345 平台共建共享，配置全域旅游驻场运营和智慧服务。该平台包括大数据中心等行业综合监管平台、产业统计分析平台、视频监控管理平台、应急指挥平台和 6 个大数据分析功能模块。实现与交通运输、公安、城管、住建、网格化服务管理中心等涉旅部门和全市主景区、美丽宜居乡村的数据联通，能对全区重点景区（点）、省星级乡村旅游区、精品民宿、精品酒店的信息实时

全域旅游大数据云平台

监测，为相关部门行业监管、综合执法、精准调度提供参考，同时为游客提供景区（点）舒适度、天气预报、旅游线路等实时信息推送，为游客规划行程、查询景点、熟悉线路等提供了便利。

3. 建立网格化管理服务与全域旅游相结合机制，构建民众参与旅游治理监督渠道

溧阳市建立健全旅游监测预警体系，推进旅游电子政务建设，从传统的粗放管理、被动处理、事后管理向精细管理、主动监测、实时动态过程管理转变，提高应急管理能力。通过建立社区、居民、游客参与旅游发展和监管的渠道平台，构建网格化管理服务与全域旅游相结合的常态化参与机制，能够有效地反映社区、居民、游客的诉求，提升人民群众作为主人翁的获得感、幸福感和安全感。居民和游客可以通过我爱我家 App、溧阳茶舍微信小程序、游子吟溧阳微信公众号进行旅游投诉、表彰与监管，产生了良好的效果。"我爱我家"APP 成为集市民举报、专项普查、信息发布、便民服务、问卷调查等功能为一体的公众互动平台。市民可通过平台反映文明城市建设和城市管理中存在的各类问题，通过文字描述、照片和地理位置上报至溧阳市网格化服务管理中心，中心及时将市民反映的问题通过网格平台派遣至相关责任单位进行处置。溧阳茶舍微信小程序涵盖了溧阳的经典景区（点）、精品度假酒店、特色精品民宿、星级乡村旅游区（点）、特色田园乡村和美丽乡村等。社区、居民、游客都可以通过溧阳茶舍小程序的服务热线进行电话投诉和留言投诉来行使旅游监督权力。

三、加强顶层设计充分发挥政策战略导向作用

溧阳市确立旅游业综合性战略支柱产业地位，发挥其在县域治理中重要的产业治理工具作用。溧阳市高度重视旅游业发展，将全域旅游纳入本地经济社会发展规划中。在《溧阳市国民经济和社会发展第十三个五年规划纲要》总体要求中指出将提升"天目湖旅游度假区"作为三大板块之一，强调推动休闲城市建设，打响"休闲溧阳"品牌。溧阳市还出台了《关于"发展四大经济推动生态创新"三年行动计划的实施意见》，将文旅产业相关任务作为重点工作，进一步明确文化旅游产业作为全市主导产业的地位和作用。

（一）与城市发展定位统筹起来

《溧阳市国民经济和社会发展第十三个五年规划纲要》明确提出"十三五"期间全市的发展定位，即溧阳围绕"跻身宁杭经济带上重要副中心城市"定位，构建中等城市规模、中心城市功能、山水城市风格的城市框架，建设最具吸引力的休闲度假城、最有活力的创新创业城、最富魅力的文明幸福城。其中建设方向之一的"休闲度假城"，是指依托良好生态环境，释放生态红利，转换环境优势，大力发展产业生态化、生态产业化的"休闲经济""健康经济"，充分发挥生态资源优势和国家级旅游度假区的品牌优势，通过"全国一流、全域一体"的旅游布局，推动旅游业与观光农业、健康养老、文化体育产业融合发展，实现"观光型"向"度假型"，"景区旅游"向"城市旅游"，"天目湖一核"向"多组团"发展的跨越，致力于打造成为全国知名的山水田园型休闲度假旅游目的地城市。

（二）与促进旅游兴县、促进城乡融合统筹起来

在《溧阳市国民经济和社会发展第十三个五年规划纲要》促进镇村繁荣发展这部分明确指出，要结合产城空间优化与融合发展的新要求，构建布局合理、重点突出、繁荣发展的空间布局。明确镇村繁荣的基本产业定位，其中，上兴镇，以接轨南京为重点，充分发挥区位优势，加快"曹山慢城"和"经济开发区上兴新区"两大平台建设，优化发展生态观光农业和旅游业，将曹山打造成为省级旅游度假区，将经济开发区上兴新区建成省级经济开发区；南渡镇，推动集镇发展，完善功能配套，打造滨河生态新镇区、新材料产业新高地；社渚镇，重点发展新型建材、轻纺、商贸流通、生态农业和文化旅游业，努力建设成为经济发达、商贸繁荣、环境优美的区域中心镇；竹箦镇，加快瓦屋山旅游开发，成为田园都市、旅游文化名镇；上黄镇，充分利用建设长荡湖国家湿地公园的契机，发挥溧阳东北大门的区位优势和生态旅游的资源优势，重点发展高效水产、湿地文化和先进制造业，精心打造风景优美、生态宜居的滨湖小镇；埭头镇，打造文化名镇、江南美镇、工业强镇；戴埠镇，实施"生态立镇、旅游兴镇"发展战略，坚持生态优先，突出绿色发展，实现经济发展与环境保护的共

享共赢，重点发展新型工业、旅游休闲和现代服务业，建成旅游名镇、商埠重镇和宜居古镇。

（三）与带动县域经济社会生态整体发展统筹起来

《溧阳市旅游产业发展"十三五"规划纲要》明确提出，提升发展现代服务业，"推动服务业总量扩大、结构优化、业态创新、品牌提升"。其中建设旅游休闲产业，要"以'全国一流、全域一体'为总体目标"。在促进城乡经济空间协合方面，提出"以'三山两湖一团城'（南山、曹山、瓦屋山；天目湖、长荡湖；宋团城）"为重点，统筹休闲产业空间布局；在促进城乡经济质量协合方面，提出"大力发展'休闲经济'，放大天目湖国家级旅游度假区的品牌优势，推进旅游业提档升级，形成休闲度假、观光旅游、文化创意、时尚运动等为主导的旅游产品体系"；在促进城乡经济融合方面，提出"打造省级乡村旅游集聚区，创建全国休闲农业与乡村旅游示范县，打造精品旅游。以城区团城风光带为核心，发挥团城的历史文化吸引力，推动'休闲城市'建设。加快完善燕山公园、燕湖公园旅游功能，推进城区商务旅游开发进程，打响'休闲溧阳'品牌"；在促进城乡环境契合方面，提出"通过科学规划、精品开发、产业联动，保护性开发大溪水库、瓦屋山和长荡湖湿地公园，加快推进天目湖、南山竹海、曹山慢城等景区提升改造，推动曹山慢城争创省级旅游度假区和4A级景区，形成旅游'组团发展'的新格局。推进旅游与美丽乡村建设相结合，通过抓点、串线、成面，打造美丽乡村旅游走廊"；在促进城乡生活翕合方面，提出"不断完善旅游公共服务设施，开辟城区到各旅游景点的旅游专线，建设全市公共绿道系统，加强旅游市场监管，提高旅游服务质量"。

（四）与深化改革、促进乡村振兴统筹起来

《溧阳市旅游产业发展"十三五"规划纲要》明确提出，"注重改革创新，突出转型升级，以'全国一流、全域一体'为总体发展目标，积极推动旅游产业转型升级、深化旅游体制机制创新，为'新常态'下的溧阳经济不断注入新活力和动力"。在空间结构发展上与《旅游总体规划》保持延续性，"重点加快南部提档升级的基础上体现

'旅游北进'战略，从全域一体的视野夯实乡村旅游发展根基，推进乡村旅游与一二产业的融合，围绕休闲、养生、文化、度假等主题完善产品体系，不断提升旅游业国际化、信息化、标准化水平，推进溧阳在新常态发展之下打造成为国内一流的休闲度假旅游目的地。重点突出和完善'养生养老、长寿之乡、乡村旅游'等品牌"。

（五）与县域重大阶段发展目标、攻坚目标统筹起来

针对县域治理中乡村振兴、产业发展、环境保护与美化等县域重要发展目标，溧阳市创新思路，将县域重大的经济社会治理目标与全域旅游创建有机结合起来，出台了一整套综合性高质量的政策文件和实施保障方案。围绕 2018 "重大项目推进年"和"全域旅游推进年"、2019 "重大项目攻坚年"和"全域环境攻坚年"、2020 "重大项目突破年"和"现代化建设试点工作突破年"，市委市政府出台了《关于加快推进全域旅游发展的实施意见》，配套相应的 18 项重点工程工作计划。

在《关于开展"重大项目推进年"和"全域旅游推进年"活动的实施意见》（溧委发〔2018〕7 号）中，溧阳市将全域旅游创建与乡村振兴战略、全域旅游与健康产业发展、全域旅游与全域环境实施落地结合起来，实施意见中提出，"全域旅游开发精准发力。以实施乡村振兴战略为契机，在构建'产业兴旺、生态宜居、乡风文明、治理有效、生活富裕'的富美农村上抓推进，推动乡村振兴与全域旅游开发深度融合，确保 4 个特色田园乡村试点村通过省级验收。以景区旅游为基础，在向形成相对完整的休闲健康产业融合发展上抓推进，积极创建国家全域旅游示范区。以'1 号公路'为抓手，在向完善旅游服务设施和提升全域环境上抓推进，确保安全、舒适、洁美、便捷成为溧阳全域旅游的新评价"。

在规划实施的基础上，溧阳加大实施保障力度，优化年度考核办法，出台《中共溧阳市委溧阳市人民政府关于印发〈溧阳市 2018 "重大项目推进年"和"全域旅游推进年"镇（区）目标任务与绩效管理考核办法〉的通知》（溧委发〔2018〕8 号）和《中共溧阳市委市政府关于印发〈溧阳市 2019 年镇区实施"两大攻坚年"推进高质量发展目标任务与绩效管理考核办法〉的通知》（溧委发〔2019〕27 号），严格督察考核。将"重大项目推进"和"全域旅游推进"目标任务作为年度镇区目标任务和

绩效管理考核的主要内容，加大考核权重，并纳入年度全市优秀项目评选。完善项目督查体系，构建"政府单月督查项目前期、双月督查项目招商、季末现场督查通报"机制，将 2017 年有效项目信息、签约项目落实情况纳入 2018 年督查内容，在确定项目时间节点安排的基础上，明确责任主体，开展常态化督查，促进任务落实到位，推动工作高效开展。严格成果运用，将考评结果与干部任用、绩效奖励、评先评优等直接挂钩，对工作落实不力、履行职责不到位的，严肃追究责任。

表 7-1 溧阳市全域旅游相关政策文件一览

序号	类别	文件名称
1	全域旅游发展实施方案	《中共溧阳市委 溧阳市人民政府关于印发〈关于加快推进全域旅游发展的实施意见〉的通知》溧委发〔2018〕21 号
2		《关于印发〈2019 年国家全域旅游示范区创建工作分工〉的通知》溧旅指〔2019〕4 号
3	全域旅游发展落实相关文件	《中共溧阳市委 溧阳市人民政府关于开展"重大项目推进年"和"全域旅游推进年"活动的实施意见》溧委发〔2018〕7 号
4		《中共溧阳市委溧阳市人民政府关于印发〈2018 年溧阳市 18 项重点工程〉的通知》溧委发〔2018〕5 号
5		《中共溧阳市委溧阳市人民政府关于开展"重大项目攻坚年"和"全域环境攻坚年"活动的实施意见》溧委发〔2019〕1 号
6		《中共溧阳市委溧阳市人民政府关于印发〈2019 年溧阳市 18 项重点工程〉的通知》溧委发〔2019〕2 号
7		《中共溧阳市委 溧阳市人民政府关于开展"重大项目突破年"和"现代化建设试点工作突破年"活动的实施意见》溧委发〔2020〕2 号
8		《"保持定力聚合力 接续奋斗再攻坚"向着宁杭生态经济带最美副中心城市奋力迈进——在市委十二届七次全会上的讲话》（2018 年 12 月 30 日）
9		《"紧扣最美目标 推进生态创新"扛起全省社会主义现代化建设试点的使命担当——在市委十二届八次全会上的讲话》（2019 年 7 月 27 日）
10	疫后文旅发展	《中共溧阳市委 溧阳市人民政府关于支持企业共同抗击疫情推动经济平稳发展的实施意见》溧委发〔2020〕14 号
11		《市发改委市财政局关于下达首批疫情扶持政策兑现资金的请示》溧发改〔2020〕327 号
12		旅游电子消费券发放落实相关资料

四、创新政策措施发挥对资源要素统筹落地作用

资源要素是全域旅游发展的基础，也是县域经济社会发展的基础。资源要素的数量、质量以及流动效率决定了县域经济发展的水平，因此从经济发展的本质来说，政府吸引资源要素的能力体现了其治理能力，是治理中的核心能力。

在推进全域旅游创建过程中，溧阳在政府深化创新，降低资源流动的障碍，促进资源要素向全域旅游集聚的实践，充分体现了溧阳市统筹资源要素落地执行的综合治理能力。具体来说，溧阳财政、发改、宣传、住建、交通、环保等部门充分发挥职能优势，积极参与旅游、助力旅游，出台专项配套支持政策，创新政策措施，激发资金、土地、人才等资源要素活力，为全域旅游"保驾护航"，拓展全域旅游产业发展空间，提高区域经济社会的发展质量。

（一）全市总体规划引领，多规融合，配套实施保障

溧阳市政府委托专业规划机构编制《溧阳市全域旅游发展规划（2018～2030年)》，内容涵盖《全域旅游示范区创建导则》中的主要内容和要求，通过创新体制机制、活化文化、完善业态、升级产业、精准服务，实现景城同建、主客共建共享，具有可操作性，引领全域旅游创建。

在确立全域旅游发展规划基础上，溧阳市政府印发了《国家全域旅游示范区创建工作方案》，在方案中明确主要任务、部门职责和保障措施，内容全面、重点突出、目标明确、责任清晰、操作性强。结合年度重点旅游项目和全域旅游工作任务，制定工作任务分解表，推动规划目标和方案任务落到实处。同时，市委、人大、政协加强对全域旅游工作的领导和督办，多部门参与，任务分工明确，进度合理，确保创建工作顺利进行。

在全域旅游创建工作中，溧阳市将旅游规划与文化、农业、水利等部门规划相互融合，充分体现出溧阳顺应经济发展融合趋势，实践综合性、系统性、统筹性的县域治理模式。在《溧阳市现代农业产业发展规划（2018～2025年)》中，对促进旅游和农业的融合发展，提出"推动旅游业由'景区旅游'向'全域旅游'发展转变，围绕

1号公路提出'交通＋农业＋旅游'的概念，促进农旅融合发展"；在《溧阳市城市综合交通规划（2018～2035年）》中，对促进旅游和交通融合发展，强调"优化旅游交通线路，提升旅游服务品质"；在《溧阳市湿地保护与发展规划（2018～2030年）》中，提出促进旅游发展和生态保护结合，重点聚焦了湿地旅游生态利用，发展生态旅游；在《溧阳市林地保护利用规划（2010～2020年）》中，促进旅游发展与林业开发保护结合，提出"充分利用瓦屋山森林公园、龙潭森林公园等旅游森林资源，以保护性开发为原则，形成良性互促发展态势"；在《溧阳市服务业发展总体规划（2011～2020年）》中，提出促进服务业融合发展，强调文化旅游品质打造；在《溧阳市产城融合示范区建设规划（2017～2030年）》中，促进县域空间发展与旅游业发展相结合，"从'发展模式与动力转型''空间布局与特色'两大方面出发，提出符合溧阳发展特征与需求的四大战略"。

（二）创新全域旅游政策措施，引导资金资源要素投入

1. 创新财政支持政策，设立旅游发展专项资金

溧阳市重视旅游发展资金供给，在2006年、2012年分别出台了旅游发展引导资金管理办法政策文件，2017年颁布了《溧阳市旅游专项资金管理办法》，支持旅游项目发展。溧阳市创建国家全域旅游示范区期间，充分发挥了溧阳市旅游专项资金的宏观导向和激励作用，每年安排2000万～3000万元资金，总计安排1.2亿元用于休闲经济发展。

表7-2　2016—2020年溧阳市旅游专项资金情况汇总

年度	资金额度（万元）
2016	2000
2017	2000
2018	2000
2019	3000
2020	3000
合计	12000

2. 统筹各部门资金，多部门协同支持全域旅游建设

溧阳在设立旅游专项发展资金基础上，加大部门间协同治理，涉旅部门交通、住建、城管、财政、自然资源等部门也专门安排涉旅资金支持。其中，交通、住建、城管三个部门支持资金额均达到5亿元以上。

2016年至2020年6月各部门资金支持情况如下：溧阳市交通运输局支持全域旅游建设资金共计150211.01万元，其中财政资金支持28944万元，上级补助资金15731.66万元，平台融资105535.35元；溧阳市城市管理局支持全域旅游建设资金共计59121万元，其中2016年支出11126万元，分别为盲区整治工程、南环东路绿化工程、宋团城项目、水平大道、天目湖大道、公园养护、公厕等工程项目提供了资金；2017年支出19296万元，分别为苗木移植工程、公共自行车项目、地块绿化工程等工程项目提供了资金；2018年支出18481万元，分别为立体绿化和节点绿化、文明城市创建、河段治理等工程项目提供了资金；2019年支出7936万元，分别为市政建设及拆围透绿、苗木补缺、设施维修等工程项目提供了资金；2020年1—6月支出59121万元，分别为天目湖大道、公厕建设等工程项目提供了资金；溧阳市住房和城乡建设局支持全域旅游建设资金共计103886万元，主要用于提升全域环境，由市级财政安排的，专项用于开展交通干线沿线环境提升、村庄环境综合整治、农村河塘综合整治、农村生活垃圾处理、生态公墓建设和散坟整治五项行动等全域环境美化工作；溧阳市财政局支持全域旅游建设资金共计10575.55万元，其中财政资金8918.35万元，争取上级资金1657.20万元；溧阳市自然资源局支持全域旅游建设资金共计45385.40万元，其中财政资金1171万元，争取上级资金680万元，主要用于废弃矿山地质环境综合治理、湿地公园建设等；苏皖合作示范区建设发展集团有限公司支持全域旅游建设资金共计18633.89万元，全部来自平台融资，主要用于支持燕山公园、燕湖公园建设。

3. 引导金融支持政策，增加金融资源供给

溧阳创新政策支持，增加弱势群体金融资源供给。旅游业是现代服务业，具有劳动密集型的服务性特征，一方面，旅游业的发展需要足够的人力资源；另一方面，旅游业在吸纳就业尤其是弱势群体就业上具有重要的作用。溧阳充分把握旅游业发展规律，一方面，通过提供贴息、担保贷款等相关政策引导金融资源流向旅游业就业者、创业者，通过引导金融资源要素供给，提高人力资源要素向旅游业集聚。另一方面，为社会弱势群体提供专项贷款贴息扶持，引导弱势群体就业。2014年，市财政、妇联等部门联合出台妇女小额担保贷款相关政策，为乡村妇女发展民宿、农家乐等事业项目提供贷款贴息支持。2015年，争取省级旅游业发展专项引导资金，对旅游项目优先安排政府贷款贴息。2017年颁布了《溧阳市"天目湖英才榜"专项基金资助（奖励）办法》，2020年颁布了《关于印发溧阳市富民创业担保贷款管理暂行办法的通知》，支持创业担保贷款贴息。这些政策同时也为激励大学生回乡创业、发展民宿提供金融支持，溧阳市实行人才回乡创业小额贷款贴息政策，对符合贴息条件、从事支持项目的由财政部门按照贷款基准利率100%给予贴息。此外，在《关于开展"重大项目推进年"和"全域旅游推进年"活动的实施意见》《溧阳银行业金融机构支持我市经济发展评价激励办法》中提出，鼓励并引导金融机构提供旅游专项金融服务，聚集金融资源要素助力旅游发展。

【案例7-2】政银担信贷支持案例

溧阳市财政局会同江苏平陵建设投资集团公司、市中小企业信用投资担保有限公司分别与工商银行、中国银行、南京银行、浦发村镇银行、交通银行、江南银行共六家商业银行签订了《溧阳市政银担风险补偿基金四方协议》，启动溧阳市"政银担"风险补偿基金项目。"政银担"风险补偿基金以服务中小微企业和"三农"经济为宗旨，建立了政府、银行、担保机构协同服务溧阳市小微企业和"三农"经济的动力机制，让三方从各自为阵，转换为风险的分担与共管。同时充分发挥了政府财政资金的导向和为中小微企业增信的作用，从而引导融资担保机构、金融机构加大对中小微企业的信贷支持力度。

资料来源：根据调研及溧阳市提供的相关材料整理。

创新乡村资源要素的金融评估、质押、交易流程，增加农村资源要素活力

在城乡金融服务中，乡村处于融资的劣势地位，这是由于乡村资源要素尤其是土地资源要素的权属、交易流程不清晰造成的，这是金融资源流向乡村、流向乡村旅游业的核心制度性阻碍。溧阳深化农村宅基地制度改革，探索农村宅基地所有权、资格权、使用权"三权分置"，搭建金融资源要素和乡村土地要素的转换桥梁。同时溧阳市制订"茶舍"宅基地供应流程，为溧阳民宿的发展提供土地资源的同时，也为民宿发展打开了金融融资的出路。

政府创新政策支持，鼓励企业参与直接上市融资

溧阳市制定了《关于推进企业上市工作的政策意见》《溧阳市政银担风险补偿基金管理暂行办法》《溧阳市产业投资引导基金管理办法（暂行）》，鼓励开发性金融融资，支持全域旅游创建。通过金融创新政策，突破地方政府财力限制，用市场的手段，解决企业融资难问题，实现互利共赢。2017 年 9 月，天目湖旅游股份有限公司主板挂牌上市，成为江苏首家上市的旅游景区和溧阳主板第一股，这也是全国首家上市的国家级水利风景区。

（三）创新全域旅游政策措施，激发土地资源要素活力

土地是全域旅游发展、促进城乡融合发展的核心要素，同时也是制约全域旅游发展和城乡融合的关键因素。因此，解决旅游发展用地问题、解决城乡融合发展用地问题，打破土地政策的束缚，是促进全域旅游及城乡融合发展的关键。溧阳按照"产业兴旺、生态宜居、乡风文明、治理有效、生活富裕"的总要求，将全域旅游建设与城乡融合建设，融合推进。立足全市乡村发展和全域旅游实际，勇于破解实践新难题，坚持系统化思维，围绕高质量发展要求，创新乡村土地利用管理新模式，提高全市乡村土地资源和旅游用地的保障能力。优化土地利用结构布局，提高土地利用效率，在全市范围内农村土地制度改革试点村、特色田园乡村、美丽乡村示范项目、农村人居环境重点村、传统村落等重点区域组织实施常州市农村土地资源统筹配置示范点培育行动。溧阳全域旅游用地政策的创新，为土地改革创新提供了实践经验，溧阳以土地资源的配置创新，促进乡村发展方式的转变，为推动土地资源配置的市场化，促进城乡融合发展夯实了基础。

1. 纳入总体用地规划，优先保障旅游用地

为满足旅游业发展对土地资源要素的需求，溧阳市探索土地利用总体规划实行"弹性规划"。在总体规划上，充分将旅游业发展纳入城市发展中，统筹土地资源要素

向全域旅游倾斜。溧阳市城乡规划、土地利用规划、林业保护规划、生态环境保护规划等充分保障旅游业的发展需求。在《溧阳市城市总体规划（2016～2030年）》中单独设立旅游规划章节，提出大力发展特色产业品牌，实现"旅游景区"向"旅游城市"的跨越目标。《溧阳市土地利用总体规划（2006～2020年）修改方案》中专门指出本次修改为支持全域旅游创建、"休闲经济"发展需求，在土地规划计划、调整等方面向全域旅游项目倾斜。《溧阳市生态环境保护"十三五"规划》充分考虑了溧阳旅游发展需求；在土地总量供给上，争取用地指标8000亩；在土地资源存量管理上，加大土地综合整治力度，盘活存量建设用地800亩，加强土地利用统筹管控和用途管制，专项清理闲置土地和批而未供土地。在《溧阳市城市总体规划（2016～2030年）》中强调修复利用废弃地，规划建设遗址公园、郊野公园，实现废弃地再利用；在土地资源分配上，推动基本农田实现区域内总量平衡和城乡建设用地增减挂钩，增加旅游用地规划，优先支持保障旅游用地。溧阳市出台《市政府关于进一步明确城乡规划、建设与管理若干问题的规定》，针对旅游休闲养生项目，对土地出让程序、规划条件等方面都做出了明确支持，在《溧阳市土地利用总体规划（2006～2020年）修改方案》中针对旅游用地进行了有效的规划调整；在溧阳市年度土地出让计划中，大力保障和优先支持旅游用地，2019年度旅游项目用地面积为855.943亩，占年度计划17.59%，2020年度休闲项目用地面积1357.33亩，占年度计划14.55%。近几年在土地出让计划中大幅提升了旅游休闲类用地的占比，有效保障了旅游建设项目用地。溧阳探索点状供地实施以来，2009—2020年间溧阳市旅游休闲项目（点状供地）出让地块100宗，供地面积1075025平方米。

2. 创新旅游用地政策，构建旅游用地保障新渠道

溧阳市出台一系列旅游用地支持政策和意见，《关于印发〈常州市农村土地资源统筹配置示范点培育行动方案〉的通知》（常办发〔2018〕56号）、《中共溧阳市委市人民政府关于印发〈溧阳市改进占补平衡工作提升村镇集体建设用地利用效益的办法〉的通知》（溧委发〔2017〕67号）、《市政府办公室关于印发〈溧阳市鼓励和促进"溧阳茶舍"发展的实施意见〉的通知》（溧政办发〔2017〕102号）、《中共溧阳市委溧阳市人民政府关于印发〈关于优化资源配置促进高质量发展的实施意见〉的通知》（溧委发〔2019〕4号）以及《关于规范休闲健康项目用地出让管理的实施意见》。这些意见为有效利用城乡建设用地增减挂钩、工矿废弃地复垦、盘活农村存量用地等土地政策，促进土地要素有序流动和合理配置，构建了旅游用地保障新渠道。例如，2019年通过以上政策转化建设用地指标用于文旅项目土地报批达1280亩（其中挂钩项目970亩，工矿项目310亩）；庆丰村盘活农村闲置房屋，进行旅游化综合利用，为旅游新业态用地提供有力保障；横涧村在振兴矿山复垦的同时，局部改造为望星谷旅游项目、攀岩项目，进一步丰富了南山景区旅游的内涵，也为地方政府带来了一定的财政收入；天目湖、戴埠等镇在废弃矿山整治的同时，预留了一定的建设规划空间，作为存量的经营性旅游建设用地，为今后的可持续发展提供了长远的用地保障。

【案例7-3】溧阳市自然资源局创新土地资源利用保障旅游项目用地

溧阳地处苏浙皖三省边界，是宁杭生态经济带上的中心节点城市，生态禀赋突出，发展旅游、健康产业优势明显，为提升溧阳生态保护水平，加快旅游、健康产业发展步伐，助推宁杭生态经济带建设，溧阳市委、市政府近年来提出了"全域旅游推进年"的工作主题，努力把溧阳建设成全国知名的休闲度假目的地和长三角最具吸引力的休闲度假城市。为保障旅游项目的成功落地，溧阳市通过创新土地资源配置，2018年以来报批旅游项目1700余亩，推动曹山未来城、天目湖"桂林山居"等旅游项目顺利落地，在土地资源要素上提供了有力保障。

1. 创新实施"点状供地"，有效解决项目落地难题

针对旅游等产业融合项目占地大、用地多、容积率低、落地困难的问题，溧阳市积极探索"点状供地"模式，在不影响规划布局的前提下，结合项目实际，采用分散划块、点状分布的形式供地，有效减少用地指标占用，减轻前期用地成本，促进乡村一、二、三产业融合发展。旅游小镇、农业生态观光、休闲度假、生态养生、露营运动等休闲农业与乡村旅游项目用地和一、二、三产业融合项目区的建设用地部分，根据规划条件，实行点状供地方式，即建多少，供多少。单体开发的建设地块，按地块独立供地，以不动产单元为基本单位进行调查确权登记。整体开发的，按多个单体建筑开发建设地块整体组合供地，按规划用途或产权管理需要核发一宗地一证书或多宗

地一证书。

旅游产业本身又具有高投资、高风险、低收入、慢回报的产业基本特征，再加上旅游用地未单独设立基准地价，在评估地价时，主要参照商服用地基准地价，造成旅游用地出让价格偏高，难以吸引投资，影响了旅游业发展，且溧阳地处丘陵山区，旅游项目用地面积大，经常导致旅游项目在选址上存在不确定性，易出现项目实际用地需要与原土地利用规划位置、面积产生偏差，因此普遍存在旅游项目落地难的问题。为解决此问题，本着依法依规用地的原则，溧阳在解放思想，节约集约用地的同时，也尽可能地降低投资者一次性用地成本，节省用地规模指标，探索实施"点状供地"方式。按照"区分项目、分类出让"原则，对旅游项目中养殖、种植、自然田园风光等不改变土地用途部分，依法按农用地管理，对建设民宿、游客接待中心、停车场、厕所等永久性建筑设施部分按建设用地实施"点状"挂牌出让。先后对曹山未来城、南山里等旅游项目内永久性建筑部分实施了"点状供地"，实现了经济发展和生态保护的"双赢"。

南山花园——点状供地

2. 依托土地综合整治，不断丰富乡村旅游底蕴

作为全省唯一的全国丘陵山区综合开发示范市，溧阳坚持以农村土地综合整治为

载体，不断丰富溧阳乡村旅游底蕴。2017 年，省政府办公厅关于印发江苏省特色田园乡村建设试点方案的通知中明确将溧阳市作为首批试点县，上兴镇余巷村牛马塘、戴埠镇戴南村杨家村被列为首批试点村庄。溧阳市依托两地风景区优越的区位条件、良好的自然环境、浓郁的文化沉淀，以生态型土地整治为抓手，以发展高效农业、改善生态环境、提升乡村文化景观为目标，融入了生态景观、文化教育、旅游观光等元素，打造一系列生态工程。同时增设农业种植体验区、特色稻田艺术景观区、农田渍水净化系统，吸引游客前来游览，在丰富了土地整治内涵的同时，更丰富了特色田园乡村旅游底蕴，打造了集生态农业、乡村文化、运动休闲、文化教育于一体的多元化、复合型乡村型旅游度假区。

牛马塘——土地整治

3. 结合废弃矿山修复，深入挖掘特色旅游资源

近年来，溧阳市全面推动废弃矿山的修复治理，在消除了地质灾害隐患、提高城市形象的同时，溧阳市结合废弃矿山的山体形态、区位优势、人文历史等因素，因地制宜引入社会资本参与生态修复和旅游开发，同时取得了社会、经济和环境效益。如溧阳燕山公园，作为目前江苏省最大的县级市城市公园，在原有 4 个废弃采石宕口基

础上，坚持因地制宜、统筹推进。将土地开发整治、矿山地质环境恢复治理、工矿废弃地复垦利用等工作有效整合，将原来的废弃矿山宕口打造成为市民休闲旅游好去处，日游客量达数万人次。再如，溧阳市戴埠镇望星谷精品民宿、竹箦镇青龙山人防教育基地等都是比较成功的案例。溧阳市通过废弃矿山的综合整治，因地制宜，变废为宝，深入挖掘溧阳特色旅游资源，有效推动了溧阳全域旅游的多元化发展。

4. 盘活利用闲置集体建设用地，促进乡村旅游业发展就业增收

对闲置集体建设用地盘活利用，首先，全面调查，摸清闲置集体建设用地，包括闲置、利用水平低下的宅基地、公益性公共设施用地等，摸清闲置集体建设用地的数量、分布、使用情况。其次，引导对闲置宅基地、利用水平低下的集体建设用地有偿收回或租赁，用于兴办农村公共文化活动场所、老年活动中心、养老敬老中心等农村公益事业，激活农村沉睡资源，推进土地节约集约利用，促进乡村社会经济发展、百姓增收。此外，在符合相关规划的前提下，农户可以自办或以宅基地使用权入股、租赁、联营等方式与其他单位和个人共同改造利用闲置宅基地，发展民宿、农家乐及其他农村新产业新业态，培育休闲旅游、创意农业、研学体验等特色产业；也可依法使用闲置集体建设用地举办农产品冷链、初加工、休闲采摘、仓储等设施及乡村旅游所配套的停车场、旅游驿站等；在保障村民合法居住权的前提下，允许通过农村土地综合整治、宅基地整理等节约的农村集体建设用地，采取入股、联营等方式，与其他单位和个人共办农业企业，发展农产品初加工、深加工、仓储和物流等设施，以及发展住宿、餐饮、停车场等休闲农业与乡村旅游项目、养老产业和农村一、二、三产业融合项目；允许以长期租赁、先租后让、租让结合方式提供休闲农业与乡村旅游项目建设用地。

5. 严格落实监管责任，持续推动旅游用地长效管理

为了规范旅游项目用地出让管理，优化配置旅游资源和土地资源，促进社会经济健康稳定协调发展，溧阳市结合具体情况，出台《关于规范休闲健康项目用地出让管理的实施意见》，坚持"先规划设计、后征地出让"供地程序，将"不得分割销售和

转让"、项目业态要求、建设标准、年接待游客人数、税收贡献、开竣工期限等约束性条件纳入《出让合同》条款，提前对旅游项目建设与运营进行监管，避免项目建成后演变为私人庄园、"大棚房"、房地产开发等投机项目，严格项目质量把控，确保溧阳市旅游用地的良性发展。

资料来源：根据调研及溧阳市提供的相关材料整理。

【案例7-4】有效利用城乡建设用地增减挂钩案例

戴埠镇上横涧村东北侧地块（南山温德姆至尊酒店项目），位于戴埠镇上横涧村北侧，土地出让面积24.13亩，用途为旅馆用地，用地指标全部来源于2019年增减挂钩项目；戴埠镇深溪岕村北侧地块（安隅溪池项目），位于戴埠镇南山竹海景区西侧、深溪岕村北侧，土地出让面积4.78亩，用途为旅馆用地，用地指标全部来源于2019年工矿废弃地复垦项目；溧阳市曹山花居主题民宿（一期）地块（曹山花居酒店项目），位于溧阳市上兴镇牛马塘村、后张村，土地出让面积44.20亩，使用用地指标为2017年度上兴镇圩庄村挂钩复垦项目；溧阳市竹箦镇前旧公路北侧1号地块（水西红色文化教育培训中心二期项目），位于溧阳市竹箦镇水西村国防园东南角，土地出让面积4.03亩，用途为旅馆用地，用地指标全部来源于2019年增减挂钩项目；溧阳市戴埠镇苏华接待中心地块，位于戴埠镇山口村，土地出让面积8.88亩，用途为旅馆用地，用地指标大部分来源于2015年增减挂钩项目。

资料及数据来源：根据调研及溧阳市提供的相关材料整理。

第八章　全域旅游溧阳县域治理模式的基本经验

2015 年，国家提出全域旅游发展理念之后，溧阳通过践行"两山"可持续发展理念，创新县域发展模式，旅游业实现了由"支柱"到"战略"的华丽转身，实现了以全域旅游引领整个县域社会经济发展的新局面，实践出一条"生态创新、城乡融合"的全域旅游县域治理新模式。溧阳通过全域旅游创建，不仅夯实了溧阳旅游业这一抓手产业，还在此基础上引领整个县域经济高质量发展，促进城乡融合，引起了社会广泛关注。溧阳把全域旅游作为县域善治的重要抓手，不仅让溧阳成为旅游者度假休闲的网红打卡地，成为高质量项目重要选择地，也成为县域治理模式实践创新的样板地。

一、全域旅游溧阳模式的发展成效

（一）全域领先、全国示范，创成标志典范

溧阳通过搭建起"全域旅游 + 县域治理"的体制机制，使全域旅游溧阳县域治理模式，成为县域治理模式中标志性典范。2019 年以来，溧阳先后被评为"2019 年度全国综合实力百强县市""2019 年度全国绿色发展百强县市""2019 年度全国新型城镇化质量百强县市""2019 全国营商环境百强县"以及"全国乡村治理体系建设试点单位"。2020 年 5 月，溧阳入选县城新型城镇化建设示范名单。2020 年，名列中国社科院县域经济综合竞争力百强县第 25 位，位列江苏省入选县域经济综合竞争力百强名单的 22 个县中第 8 名。

自溧阳创建全域旅游示范区以来，先后有贵州德江，陕西汉阴、白河，安徽宣城、天长及省内数十个县市区到溧阳市调研交流，已初步实现了带动周边，辐射全国的引领示范效果。

（二）历史传承，创新引领，凸显治理智慧

从"四大开发"到"四大经济"，溧阳撤县设市 30 年的奋斗过程，就是旅游业发展和县域治理融合互动的过程。溧阳县域治理模式，从撤县设市最初采取的以昆仑经济技术开发、丘陵山区综合开发、天目湖风景旅游开发、苏浙皖边界市场开发为内容的"四大开发"战略，跃升为以"先进制造经济、高端休闲经济、现代健康经济、新

型智慧经济为内容的"四大经济"战略。在有为政府和动力市场的有效结合下，经济发展质量不断提升，产业结构不断优化。农业，朝高效农业、集约农业、观光农业、生态农业迈进；工业，朝新型智慧、先进制造方向发展；以旅游业为核心的现代服务业，朝高端休闲、现代健康方向不断取得令人瞩目的成绩。溧阳以旅游业为重要抓手的县域治理模式，以历史为传承，以创新为引领，凸显治理智慧，溧阳当地三次产业结构不断优化，第一产业占比持续下降，从 1990 年的 36.78% 下降到 2019 年的 5.16%。第二产业发展迅速，从 1990 年的 43.75% 上升到 2019 年的 50.86%。第三产业发展迅猛，在三次产业中增速最快，占比从 1990 年的 19.39% 上升到 2019 年的 43.98%，占比增加 126.8%。

（三）顺应趋势，统筹治理，县域发展创出新佳绩

2015 年，我国服务业增加值占 GDP 的比重首次突破 50%，标志着我国正式进入服务业时代。服务业是产业融合的代表，经济基础决定社会治理模式，经济步入融合大时代，决定了社会治理的发展趋势是朝统筹、系统、整体的治理方向发展。全域旅游这种社会发展治理模式，便是在这样的背景下诞生了。旅游业是重要的融合经济主体，是重要的融合产业。全域旅游，是以旅游业为融合经济主体，融合产业，以"统筹"为特征的社会治理模式。"融合"是旅游的精神，"统筹"是全域旅游的灵魂，"创新"是全域旅游的核心。

2016 年，溧阳正式开启全域旅游示范区创建工作，顺应社会治理发展趋势，牢牢把握全域旅游的系统性、统筹性、整体性的社会治理工具作用，加强"全域旅游 + 县域治理"的深层次融合互动，发挥全域旅游在县域治理中的引领和融合工具作用。溧阳模式的突出创新点，是充分利用了全域旅游的经济融合优势和治理中的统筹模式，从被动创建，变成主动而为。从目标引领上升到思路引领，从单一瞄准到运筹帷幄。

全域旅游溧阳模式，是从"倒逼式创新"走向"自觉自为创新"的典型案例，是我国县域地方政府治理创新走向自觉自为的代表。溧阳县域治理模式的优化提升，实现了更好地解放生产力，发展生产力的作用，创造出了一系列令人振奋的佳绩。2020年，全市地区生产总值（GDP）1086.36 亿元，按可比价计算增长 4.6%，分三次产业

看，第一产业增加值 54.44 亿元，增长 1.9%；第二产业增加值 539.98 亿元，增长 4.6%；第三产业增加值 491.94 亿元，增长 4.8%。三次产业增加值比例为 5.0∶49.7∶45.3。2020 年，全市"四大经济"全产业累计完成增加值 563.23 亿元，占全市地区生产总值比重 51.8%。全产业实现营业收入 2010.95 亿元，同比增长 4.3%，税收 49.09 亿元，同比增长 17.8%。

二、溧阳县域治理进一步夯实旅游产业抓手

溧阳全域旅游创建以来，旅游业作为县域治理抓手产业的基础得到进一步夯实，游客接待量年均增速超过 25.13%，旅游业对 GDP 的贡献率始终保持在 10% 以上，旅游业对就业的贡献率始终保持在 10% 以上。旅游业对县域经济社会的统领作用进一步发挥，全域旅游已成为溧阳县域深化改革、推动城乡融合发展的核心抓手。

（一）溧阳旅游业战略支柱地位突出

在全域旅游理念的指导下，溧阳旅游业呈现出高质量发展的态势。从旅游业经济完成值看，2016 年全域旅游创建以来，溧阳旅游接待量、旅游收入、旅游增加值，均呈现稳步上升的态势。全市旅游总收入从 2015 年的 152 亿元发展到 2019 年的 257.38 亿元，增长 69.3%；旅游接待总人数从 2015 年的 1500 万人次上升到 2019 年的 2103.14 万人次，增长 40.2%（见图 8-1）；旅游增加值从 2015 年的 74.9 亿元增长到 2019 年的 120.89 亿元，增长 61.4%。

从旅游业发展速度看，2016 年溧阳开始全域旅游示范区创建，从溧阳近 10 年旅游市场发展趋势来看，旅游业收入增速较 2016 年之前有了显著增长。从旅游业对县域经济发展贡献来看，溧阳旅游业增加值占溧阳 GDP 的比重逐年上升，2015 年在溧阳经济增速明显下滑的情况下，当年旅游业占 GDP 的比重较上年提升 0.78 个百分点，显示出旅游业逆势维护溧阳经济的重要作用。从旅游业发展质量看，溧阳旅游业在溧阳第三产业产值占比持续上升，从 2015 年的 23.06% 上升到 2019 年的 27.20%，说明溧阳市委市政府顺势而为，充分发挥溧阳旅游业在优化溧阳县域产业结构中的巨大作用，以旅游业发展融合、引领、带动县域经济发展（见图 8-2，图 8-3）。

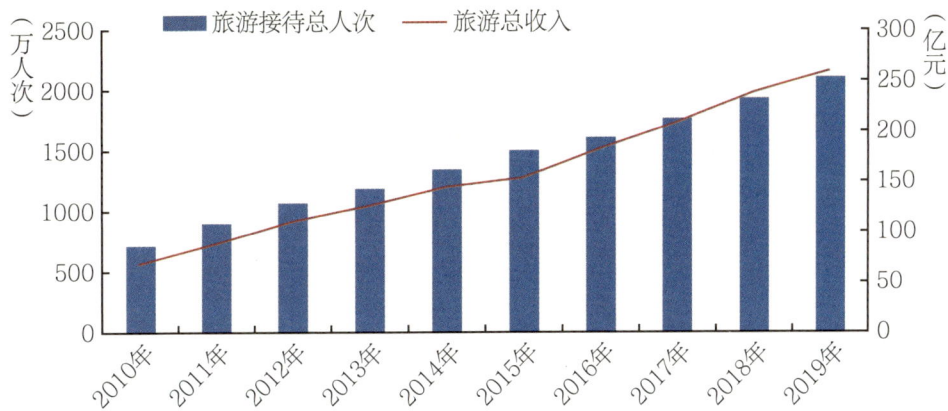

图 8-1 溧阳市近年来旅游市场发展趋势

图 8-2 溧阳旅游业增加值占溧阳 GDP 比重

图 8-3 溧阳旅游业增加值占溧阳第三产业比重

（二）溧阳旅游业供给质量不断攀升

2016 年以来，溧阳通过实施全域旅游发展战略，不断丰富"溧阳 1 号公路"的"旅游 1 号""生态 1 号""文化 1 号""富民 1 号"的内涵，持续完善沿线"溧阳茶舍"、旅游驿站、房车营地等功能配套，对南部山区旅游基础设施进行系统化的提档升级，扩大了高端会务、休闲健康、夜间产品、品牌酒店、知名餐饮、景点农业等产品供给，建设成一批特色旅游村、休闲村，实现从旅游向休闲的转变，在高质量发展、创新发展等方面取得了一系列突出的成绩。总投资 60 亿元的天目湖休闲文旅特色街区、30 亿元的中国再生医学健康管理中心等重大项目顺利签约；成为国际高端品牌瑞吉酒店签约入驻的首家县级城市；曹山未来城加速建设，当代艺术中心对外开放，古桥水镇、会展中心及酒店项目全面开工；竹溪谷酒店、火车来斯主题乐园等文旅新产品投运；天目湖旅游公司、新四军江南指挥部纪念馆获评全国研学旅行基地。溧阳入选全国乡村旅游精品线路推荐名单，获评中国十佳体育旅游精品目的地。

从质量完成指标看，截至 2020 年年底，溧阳全市拥有国家级旅游度假区 1 家、省级旅游度假区 1 家，A 级景区 5 家，全国农业旅游示范点 4 家，全国工业旅游示范点 3 家，江苏省星级乡村旅游区（点）19 家，省级自驾游基地 3 家，全国乡村旅游重点村 3 家，江苏省特色田园乡村 7 家，形成了以醉美天目湖、七彩曹山、悠然南山等山水诗意品牌为代表的"三山两湖一团城"全域旅游大格局，形成了"风景无处不在、体验无时不在、产业无所不在"的全域旅游格局，获评中国优秀旅游城市，蝉联"中国旅游竞争力百强市"，走出了一条全域旅游促"城乡融合、全域发展"的新路径。

（三）溧阳旅游业融合能力不断增强

溧阳旅游业以旅游为支点，以生态为杠杆，与产业、科技、人才融合，通过良好生态环境吸智慧高端项目落地，带动生态与产业经济发展、社会公共服务、人民生活方式的融合。溧阳创建全域旅游示范区，致力于使旅游业发展和县域治理融合，走出一条"绿色现代化"之路。以旅游业为龙头的第三产业市场主体在溧阳不断涌现，规模不断扩大，比重持续上升，融合能力不断增强，使得溧阳的产业结构明显优化，成为带动溧阳经济增长、产业升级、社会发展、民生福祉的主要力量。

近年来，在全域旅游理念的指引下，溧阳进一步丰富"全景、全时、全龄"旅游业态，深度推动文旅融合、农旅融合、康旅融合，塑造千亿级休闲健康经济，打造全国知名的长三角休闲康旅目的地，争创全域旅游示范。不断开展大众创业、万众创新激发市场活力，"放管服"改革不断推进，使得溧阳居民积极参加到旅游开发活动中，开拓了发展思维，旅游能人、旅游达人不断涌现，各种高品质网红民宿成为溧阳发展新风尚，旅游特色村、旅游特色镇成为溧阳区域发展新特征。精品旅游民宿成为撬动创业富民的新支点，当地备案民宿超 250 家，形成多个旅游民宿集聚区，旅游民宿直接经济产值突破 5 亿元。旅游经济的发展使得溧阳本地居民收入水平大幅提升，村容村貌得到很大改善。溧阳旅游形象的提升使得本地居民对家乡的认同度大幅提升，对家乡的绿水青山以及悠久历史更加爱护和珍惜。

（四）溧阳旅游业治理工具作用进一步释放

溧阳撤县设市 30 年的奋斗过程，就是旅游业发展和县域治理融合互动的过程。全域旅游的创建将溧阳旅游业工具的发挥与县域治理创新推进到新的高度。旅游业作为治理工具，进行领跑、试验、创新，进一步释放了溧阳治理的系统性、整体性和统筹性，治理体系得到完善，治理能力得到提升，改革创新能力显著增强。

国家治理的基础在县域，县域治理的核心问题在乡村。旅游是推动县域治理，国家经济社会治理的重要产业工具，溧阳以全域旅游引领县域治理能力现代化，具有重要的示范价值和创新意义。溧阳在全域旅游创建中，积极探索顺应乡村振兴、城乡融合发展的体制机制，攻坚农村要素改革中的难点问题，以创建国家级农业产业园的标准，完成现代农业产业园规划并启动重点基础设施建设，大力推进天目湖白茶小镇、蓝城悠然南山特色田园乡村、曹山田园综合体、青虾养殖全产业链建设。积极探索农村宅基地改革，加快集体经营性建设用地入市步伐，深化 4 个宅基地改革试点村建设。因地制宜布局"一村一品"专业村，大力发展高效果蔬、特种水产、优质稻米、花卉苗木等精品农业。实施乡村建设申报制，提升村庄规划设计品位，建立网格化、集成化农村人居环境长效管理机制。

经过全域旅游创建期间的不懈努力，溧阳旅游业已逐步形成了以"绿色生态为基底、城乡统筹为路径、产业融合为方向"的总体格局，通过建立节点突破、廊道带动、全域统筹的时空发展格局，从生态创新铺底生态底色，到三权分置创新释放农村生产要素，实现了小景区带动大品牌、小投入产生大效益、小创新实现大引领的发展目标，走出了一条实现经济在更高层次突破的新路，为全国县域治理创新起到良好的带动示范作用。

三、全域旅游溧阳模式带动下的县域经济社会发展成效

2015 年，国家从高速增长向高质量发展转变，经济发展模式由数量扩张转向质量提高，与此同时，县域治理中的主要矛盾从实现快速发展转变为谋求城乡融合发展。经济增长环境的变化，以及县域治理中的主要矛盾变化，对溧阳县域治理模式提出了新的要求。究竟是走规模扩张的老路，还是走降速提质的新路？选择前者意味着保护短期县域经济发展利益，选择后者意味着要忍受短期阵痛追求长期经济社会回报。溧阳市的决策者们，坚决执行党中央国务院关于国家发展和国家治理现代化的要求、坚决按照最符合国家和人民长远利益的要求，义无反顾地选择了后者，迅速决策并执行，继承发展了溧阳在撤县设市初期以旅游业为带动的"四大开发"模式，探索出一条全域旅游县域治理的新模式、新路径，以旅游业作为产业工具铺底县域生态底色，推动县域社会经济发展，从以注重发展数量为核心的发展模式，向以注重发展质量为核心的先进制造、高端休闲、现代健康、新型智慧"四大经济"转型，实现以"城乡经济协合、城乡环境契合、城乡生活翕合、城乡治理匡合"为核心内涵的城乡融合。

（一）城乡经济数量质量双提升

旅游业具有"一业兴百业旺"的综合带动效应。发展全域旅游、深化旅游供给侧结构性改革，推动旅游业从封闭的"内循环"走向开放的"外循环"——旅游 + 产业经济，可以更好地实现产业融合、产城融合。2016 年，溧阳创建全域旅游示范区以来，全面展开以旅游业为基底产业的制造、休闲、健康、智慧"四大经济"布局，充

分发挥旅游业的融合性特征，在加快构建富有溧阳特色的产业发展体系上迈出步伐。全域旅游创建 5 年来，溧阳稳中求进，有效化解经济下行的压力，实现经济数量和质量双提升，地区生产总值突破千亿元，"四大经济"在全市总量中的比重达 51.8%，溧阳名列全国县域经济综合竞争力百强县（市）第 25 位、中国工业百强县（市）第 24 位、全国营商环境百强县（市）第 27 位、中国未来投资潜力百佳县（市）第 5 位。

从经济发展速度来看，2015 年是溧阳经济发展的换挡年，从高速增长向高质量增长转换，2016 年溧阳市经济发展呈现 V 形复苏，2015—2020 年，经济增速从2015 年最低 3.05% 的增长速度，恢复到 2019 年的 8% 经济增速，2020 年虽受疫情影响，也达到了 7.5% 的较高增长（见图 8-4）。

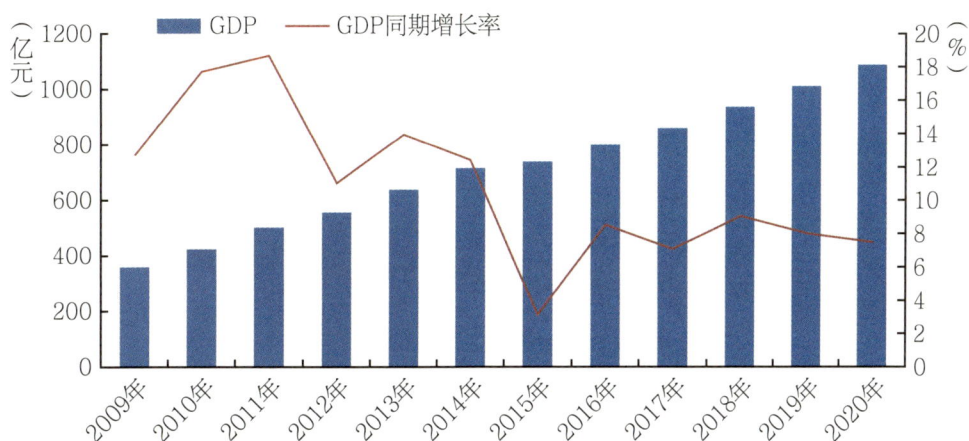

图 8-4　2009—2019 年溧阳市 GDP 及增长速度

从经济发展质量来看，溧阳与时俱进、克难创新，抓住了新一轮经济发展的档期，经济高质量发展，成效显著，代表高质量发展的"四大经济"增速显著高于同期溧阳市 GDP 增长速度，同时"四大经济"占溧阳 GDP 比重不断上升。2015 年，溧阳在面对严峻的发展形势下进行县域治理战略调整，并于 2016 年，溧阳市委市政府提出以创建全域旅游引领县域高质量发展的县域治理模式，并提出促进以旅游业为基底产业的"四大经济"（先进制造经济、高端休闲经济、现代健康经济和新型智慧经济）发展方向。作为溧阳"十三五"时期推动经济结构转型升级的根本举措和践行"两山"理论的重要路径，全域旅游打破了传统产业划分界限，充分尊重和发挥旅游业的融合发展规律优势，促进溧阳市支柱产业、优势产业相互融合、相互促进，高效配置资源、提高效率，培育溧阳发展新动能。溧阳全域旅游示范区创建以来，以"四大经济"为代表的溧阳高质量发展产业，累计完成增加值，从 2016 年的 333.38 亿元增加到 2020 年的 563.23 亿元，增长 68.94%；占全市地区生产总值的比重从 2016 年的 36.6% 上升到 2020 年的 51.8%，占据溧阳经济的半壁江山，增长 41.53%；溧阳在发展高质量经济的同时，积极淘汰落后产能，钢铁、水泥行业产值占规模以上工业产值的比重由 2014 年的 50.5% 下降到 20% 以下。全产业实现主营业务收入从 2016 年的 1263 亿元增长到 2020 年的 2010.95 亿元，增长 59.22%；税收从 2016 年的 35.06 亿元增长到 2020 年的 49.09 亿元，增长 40%（见图 8-5，图 8-6）。

图 8-5　2016—2020 年溧阳市 GDP 及"四大经济"发展速度

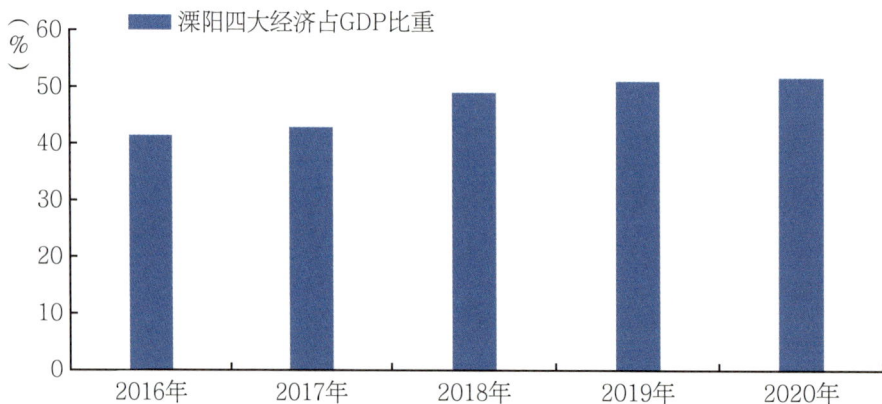

图 8-6　溧阳市"四大经济"占 GDP 比重

从纵向发展来看，溧阳在原有良好的经济发展基础上实现了进一步突破。根据 2015—2020 年溧阳市经济发展数据，代表溧阳经济发展总量的数据——国内生产总值（GDP）逐年增长，从 2015 年的 738.2 亿元增加到 2020 年的 1086.4 亿元，2020 年溧阳国内生产总值较 2015 年增长 47%。

从横向对比来看，溧阳经济发展继续领跑全国县域经济，在江苏省也保持在第一梯队。与全国和全省对比来看，溧阳人均 GDP 始终领跑全国，从 2007 年开始，溧阳人均 GDP 超越江苏省，尤其在 2015 年以来，溧阳人均 GDP 进一步拉开与全国平均水平的距离，显示出强劲的发展动能。溧阳人均 GDP 从 2015 年的 9.7 万元上升到 2019 年的 13.23 万元，增长了 36.39%。而 2019 年同期国内人均 GDP 和江苏省人均 GDP 分别为 7.09 万元和 12.36 万元（见图 8-7）。

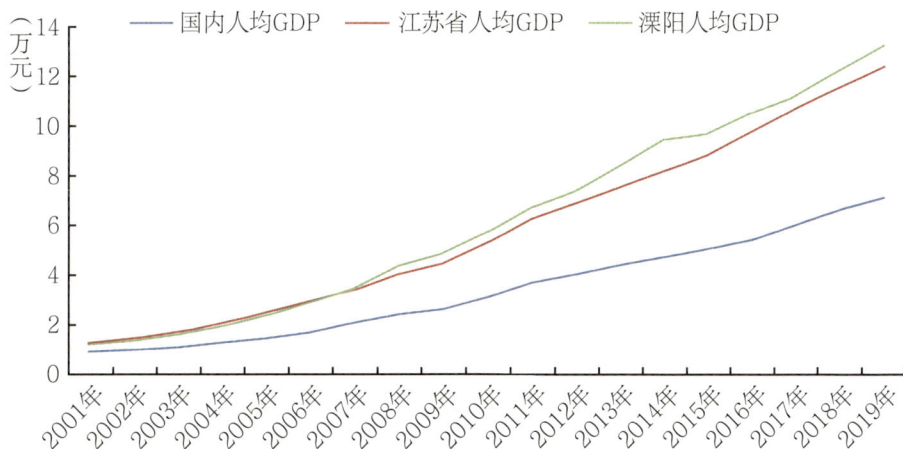

资料来源：国家统计局、江苏省统计局、常州市统计局数据。

图 8-7　溧阳人均 GDP 与全国和江苏省人均 GDP 对比

（二）城乡融合程度进一步加深

溧阳通过"全域旅游 + 县域治理"，进一步完善了城乡融合体制机制，城乡空间融合程度得到进一步加深，城乡经济融合程度实现进一步提升。全域旅游创建以来，溧阳县域治理能力、促进城乡融合能力增强，入选全国农村宅基地制度改革试点城市、国家级新型城镇化建设示范县城，商事制度改革、财政管理、制造业创新转型、粮食工作获省政府激励表彰，创成全国"绿水青山就是金山银山"实践创新基地，名列"2020 中国县级市全面小康指数百强"第 19 位。

1. 城乡融合体制机制进一步完善

全域旅游主客共享的社会管理体系建设收效显著。全域旅游创建期间，溧阳市深入实施社会治理创新工程，加强以全域旅游引领公共服务升级，将公共服务变为主客共享的旅游品，为城乡公共服务提供可持续发展的经济机制，覆盖城乡的主客共享公共服务体系进一步完善，涉及流动人口和非流动人口的社会管理水平明显提高，社会保持和谐稳定。

2. 城乡空间融合程度加深

通过全域旅游创建，溧阳实现从传统的城市空间规划，走向以人为核心、以城乡融合为重要目标的"三生"融合空间布局的实践转化。溧阳通过打造 365 公里的"溧阳 1 号公路"，以"三山（南山、曹山、瓦屋山）两湖（天目湖、长荡湖）"为中心，加强城乡连接。"溧阳 1 号公路"对内串联市域主要景区景点、312 个自然村、220 多个乡村，对外通达周边 7 个县（市），成为加强城乡相互联系、相互促进的重要载体，是促进溧阳城乡融合发展的"旅游 1 号""生态 1 号""文化 1 号""富民 1 号"。

3. 城乡经济融合程度提升

全域旅游创建期间，溧阳全市全体居民人均可支配收入得到较快增长，农村居民收入增长快于城镇居民收入增长，2020 年城乡居民收入之比为 1.84，城乡收入差距继续缩小，城乡收入融合程度领跑全国。不断拓宽旅游业等特色通道，让人民群众拥有更稳定的收入，更优良的工作环境和有更有奔头的就业前景，城乡居民人均可支配收入年均增长 9%，增幅居常州前列，全市近 10 万人捧上了旅游的金饭碗。2020 年全市旅游总收入突破 178.81 亿元，接待游客 1366.36 万人次，低收入农户实现全部脱贫。蝉联全国文明城市，获评"2020 中国最具幸福感城市"。

2020 年，溧阳城镇居民人均可支配收入为 55478 元，较 2015 年全域旅游示范区创建前的 38445 元增长 44.3%；农村居民人均可支配收入 30083 元，较 2015 年全域旅游示范区创建前的 19880 元增长 51.3%；溧阳城乡收入比从 2015 年的 1.93 下降到 2020 年的 1.84，城乡差距进一步缩小，同全国数据对比来看，2015 年和 2020 年全国城乡收入比分别为 2.73 和 2.56。城乡差距低于全国平均水平，城乡融合发展水平走在全国前列。

（三）城乡生态环境取得新突破

全域旅游创建中，溧阳进一步加大环境保护力度，坚持精心规划、精美设计、精致建设、精细管理，更加充分地彰显溧阳宜居之美，塑造"全域洁净"的环境品牌，获评世界长寿之乡、中国美丽乡村建设示范县、国家园林城市、国家生态文明建设示范市等美誉，城乡生态环境取得新突破。

1. 铁腕治污新底色

在防治污染方面，溧阳聚焦全域环境攻坚目标，坚持源头防治，铁腕治污，打响"蓝天保卫战""治水升级战""固废清零战"。总投资 40 多亿元治山理水，累计关停采石矿、砖瓦窑、石灰窑、码头等 199 个，关闭化工企业 84 家，取缔"散乱污"企业 1186 家，生态修复矿山 51 座。统筹水生态综合治理，深化水源地保护，推动天目湖水源地立法保护工作。大力实施天目湖流域污染控制与水质提升三年行动。规范入河（湖）排污口管理，深化农村支流整治，实现"清水绿岸、鱼翔浅底"的目标。创新城乡生活污水处理设施运维机制，实施农村污水处理工程监控，强化农村生活污水处理设施协同监管，确保正常运行，严格达标排放。开展污染场地土壤综合治理与修复试点，实施垃圾科学处理。实施"生态绿城"建设行动计划，让山水之美可进入、可参与、可欣赏。

2020 年，城镇污水达标处理率达到 96%，地表水好于Ⅲ类水质的比例超过 80%，水源地水质达标率均为 100%；空气质量达到二级标准的天数比例超过 80%，空气质量排名保持全省前列，获评全省首家"中国天然氧吧"；全市森林覆盖面积达 402 平方公里，林木覆盖面积达 473 平方公里，林木覆盖率保持在 30% 以上，城镇绿化覆盖率达到 40%。连续摘得国家生态市、国家生态文明建设示范市、中国长寿之乡、国家园林城市等"金字招牌"。

2. 勾勒公园城市新轮廓

溧阳在全域旅游示范区创建中，科学布局生产、生活和生态空间，按照三生共融要求，统筹空间规模，超前谋划城市长远发展规划，完成国土空间规划编制，推动公共空间与自然生态相融合，融入公园城市理念，引导城市人口、生产力、基础设施和公共服务布局合理，实现"高颜值、高品质、有归属感"的城市新形象。

通过深化"一路两廊"建设，聚焦"路网优化、环境提升、配套完善、文化丰富、品牌推介"五项任务，推动"溧阳1号公路"提档升级，重点完成线型优化，打通全线所有堵点、显露全域优质景观、赋予全程人文气质；通过推进"溧阳琴廊"全线规划落地，加快重点线段推进，精心建设焦尾琴公园，致力打造高品质的"城市会客厅"，让"行在琴韵间，人在画中游"成为溧阳新的休闲方式；通过实施森林长廊全景勾画工程，形成基本轮廓并全线贯通，完成城区示范段工程，开工建设"十二望楼"，构建独具魅力的城市标识；通过完成区域控规编制和城市设计深化，加大土地征收和企业搬迁力度，完善管廊道路、景观水系等基础设施，全面启动山水中心、美音剧院、白龙池公园、美好生活中心等工程，大力培育生命科学、休闲健康特色产业，让全域旅游勾勒出公园城市新轮廓。

3.打造美意新田园

在推进全域旅游示范区创建中，2017年溧阳以入选全省首批特色田园乡村建设试点地区为契机，打造美丽乡村升级版，形成礼诗圩、塘马、牛马塘、杨家村等一批特色田园乡村示范，构成了"田园生金"的溧阳样本。2018年起，溧阳在深入建设特色田园乡村的过程中开始实施美意田园行动，分别是村庄环境综合整治、交通干线沿线环境提升、农村生活垃圾处理、生态公墓集中安灵、农村河塘综合整治五项工程，达到"全域洁净"的目标。

随着城乡融合发展和美丽宜居乡村建设的进一步深入，溧阳以"两清两拆"为重点的村庄环境整治，推动村庄建设规划布局调整。投资8亿元实施"美意田园"行动，全力把规划保留村打造成"乡村艺术作品"，有序推进农民集中居住和农房改造，打造更多美丽乡村连片区和形态各异的精品民宿村，让每一个村庄都成为"干净、整洁、舒适"的美意新田园。溧阳社会文明测评指数全省领先，城市长效管理水平领跑常州，完成农村人居环境整治村庄120个以上，282座村庄展露新颜，打造若干美丽乡村连片示范区和精品民宿集聚村，创成7个省级特色田园乡村。"1号公路"延伸拓展打通城乡融合的神经末梢，"清风朗月溧阳茶舍"成为溧阳旅游休闲的新名片，薯院牛马塘等省级特色田园乡村"七朵金花"精彩绽放。获评"中国美丽乡村建设示范县"，让美意田园从诗情画意中走来。

溧阳市领导调研村民对美意田园工作的意见建议

（四）城市软实力获得大幅提升

在溧阳，可长居可小憩，可创业可旅游，可挥洒青春可安度晚年。到溧阳，就是一种生活方式①。全域旅游的推进，使溧阳城市软实力获得大幅提升，溧阳城乡对人才、项目等资源要素的吸引力大大增强，使溧阳"一种生活方式"的城市品牌形象深入人心。

溧阳通过全域旅游，形成生态和经济的双向转换机制，突出生态价值，加强生态与城乡空间、公共服务、生活方式融合嬗变，创新生态生活方式，提升城市整体形象和气质。即通过生产、生活、生态三类空间的科学界定和共生共荣，满足人民群众对人与自然和谐共生的高品质生活需求，擦亮城市形象，提升城市的整体的吸引力。

随着全域旅游工作的推进，溧阳在提升自身品质的基础上，通过网络化平台，借助多种媒介，实施品牌打造，让"溧阳茶舍""游子吟溧阳""溧阳文旅"等公众号平

---

① 溧阳市委书记徐华勤在 2020 中国·溧阳茶叶节暨天目湖旅游节开幕式上的讲话。

台深入广大市场，使得溧阳城市软实力得到有效提升。当前千年古县、世界长寿之乡、中国民间艺术文化之乡、全国湿地保护先进县市、焦尾琴故里、全国森林旅游示范县、中国优秀旅游城市、中国建筑之乡、中国名茶之乡等十大称号已经成为支撑溧阳全域旅游发展的核心要素。同时，这张大名片也为溧阳带来了诸多社会经济发展的新动能，让溧阳的城市软实力获得了长足的发展。

全域旅游围绕"美音自在溧阳"城市主品牌，形成了天目湖、"溧阳1号公路"、溧阳茶舍三大子品牌的"1+3"的品牌推广体系。全市每年投入旅游宣传费用5000万元以上，开展立体式、多层次、常态化的宣传推介工作。从山水品牌走向城市特色品牌，从茶叶节到四季歌，每年定期举办茶叶节暨旅游节（春）、爱情泼水节（夏）、丰收节（秋）和宋团城观灯节（冬）"全时、全季"的主题节庆活动和南山长寿文化节、曹山杨梅节、美食节等30余项城市节庆品牌活动，提升城市知名度，带动旅游消费。在宁杭、京沪高铁进行"天目湖号""1号公路号"高铁专列命名，更是提高了溧阳美誉度、城市影响力。从全国影响力看，"溧阳一号公路"作为溧阳全域旅游的网红产品，串联起全市重要景区和乡村旅游，成为贯穿溧阳全域的旅游纽带、生态纽带、文化纽带、富民纽带，同时也是把溧阳绿水青山转化为金山银山的幸福纽带。自2017年"溧阳1号公路"获评江苏省首批旅游风景道称号以来，溧阳凭借"1号公路"接连被授予全国、全省"四好农村路"建设示范县等荣誉称号。为提升溧阳1号公路对溧阳全域的品牌带动效应，2018年溧阳1号公路首创"三色线"标志，并为"三色线""水滴地标"成功申请到国家知识产权认证。紧接着，溧阳在品牌保护基础上冠名京沪高铁，进一步扩大溧阳全域及溧阳旅游业在全国的影响力。2019年交通运输部公布了全国"十大最美农村路"，溧阳1号公路"瓦屋山线"成功上榜，成为江苏唯一上榜的路线。同年，溧阳获评中国体育旅游十佳精品目的地。

四、溧阳全域旅游建设的基本经验

县域是国家治理和治理能力现代化的基础，我国有2800多个县行政单位，县域的发展直接影响国家的稳定发展，因此有必要从促进县域治理的目标出发，对溧阳在全域旅游创建过程中，以全域旅游为抓手推进县域治理的改革创新经验进行总结，有助于这些有益经验在全国县域示范、推广落地，为我国县域治理实践提供借鉴。

全域旅游溧阳模式是什么？全域旅游溧阳模式是把旅游业作为促进县域治理现代化、推进县域改革深化、促进经济社会生态发展的重要工具。全域旅游溧阳模式是以旅游业为引领，探索县域治理能力和治理体系现代化建设路径的重大创新，是以习近平总书记"两山"理论与县域治理实践为指导的成功实践，对以旅游业作为关键产业促进县域经济社会生态发展，具有非常重要的示范作用。

全域旅游溧阳模式不是一蹴而就的，是溧阳探索旅游业和县域治理融合发展30年的实践积累，是从"四大开发"到"四大经济"成功验证的县域治理模式。全域旅游溧阳模式是在新的历史时期，在深化改革的背景下，以全域旅游为理念，持续推进以旅游业作为县域治理工具的新成就，充分体现了溧阳市委市政府科学、统筹、系统、整体、协调的治理理念。

（一）将全域旅游视为县域治理的重要工具

溧阳始终将全域旅游视为县域治理的重要工具，以县域治理作为推进全域旅游创建的总目标。溧阳将全域旅游与县域治理有机地结合起来，前者为手段，后者为目标，实现顶层设计与基层探索创新的有效互动。一个地方创新的持续推进，离不开地方政府的主动作为以及排除万难的执行能力。

溧阳创建全域旅游，不是为了发展旅游而发展旅游，而是市委市政府站在县域治理的高度，从解决县域治理的实际问题出发，将旅游业作为县域治理的重要工具，实现县域经济、社会、生态全面发展的重要纽带。溧阳在创新全域旅游过程中，坚持全域旅游为县域治理所用的原则，有效促进了城乡融合，提升了县域治理水平，形成了全民共建、共治共享的县域治理新格局。

（二）市委市政府统筹各方资源

溧阳的山、溧阳的水、溧阳的路、溧阳的乡村、溧阳全域的美，每一处美意都是溧阳市各部门、各乡镇、各村庄共同努力的结果。溧阳的旅游业不是某个部门的旅游业，不是旅游局的旅游业，而是整个县域发展的旅游业，是市委市政府县域治理战略中的旅游业，是各个部门的旅游业。在战略方面，溧阳以市委市政府牵头、以书记市长作为组长，统筹各方资源；在战术实施方面，各个部门主动将旅游业融入各个部门的每一项具体工作之中，促进"+旅游"已成为各部门自觉而为的行动方略。溧阳旅游业的发展不是旅游部门的单兵作战，而是跨部门，跨层级的协同作战，创建了一整套协同治理工作体系。

县域治理中具有很强的独特性，必须因地制宜进行创新、开展工作。溧阳在探索县域治理过程中，市委市政府充分发挥战略引领、机制保障、长效推进的作用，放手部门和基层探索"全域旅游+县域治理"的具体运作方式。具体而言，一是党政合一，聚合各方资源，统筹管理。溧阳市委市政府将旅游业作为县域治理的关键工具产业来抓，实施一把手负责制，每一年布局"旅游业发展+县域治理"的工作目标。二是在长期形成的各部门协作优势基础上，建立起一支能打胜仗的团队。各部门依据县域发展的战略目标，自然地将"+旅游"融入制定各部门的具体工作任务当中。在任务落实中，各部门形成常态化的沟通机制，主动协调解决任务落实过程中的各种问题，拧成一股绳，以谋求实现县域发展的总战略目标。

全域旅游创建以来，溧阳集成资金、土地、人才等生产要素向旅游业集聚，统筹交通、住建、城管等部门基础设施建设资金40亿元以上投向全域旅游开发，每年安排3000万元全域旅游产业发展专项资金，探索点状供地、矿山废弃地利用等方式保障20余个旅游项目用地600余亩，实施"天目湖英才榜"引进旅游高端人才，高效运转促进高位发展。制定出台《关于加快推进全域旅游发展的实施意见》《高端休闲经济三年行动计划》等政策文件，致力推动旅游业向高端休闲经济迈进。

（三）三十年一张蓝图绘到底

溧阳旅游业发展的30年，是旅游业和县域治理融合实践的30年。30年来，溧阳始终把旅游业作为推动县域崛起和治理创新的牵引力量。从"四大开发"到"四大经济"，从景点观光到高端休闲，从景区建设到全域旅游，从旅游开发到县域治理，背后是溧阳换人不换图、三十年磨一剑的执着。全域旅游溧阳模式是30年的溧阳旅游业与县域治理融合互动的实践成果，是溧阳县域治理体系和治理能力现代化的创新突破。全域旅游溧阳模式，是将全域旅游切入县域经济、环境、民生各个层面，融入改革、发展、治理各项领域，进入政府、企业、群众各类主体，让全域旅游成为推动县域全面发展的核心抓手，实现纲举目张的效果。

（四）提升民众的参与度和获得感

从长远来看，一项社会治理创新的持续推进，需要通过制度设计，不断发掘群众需求，改变其效应曲线，形成各参与主体激励相容的制度体系，有效推升百姓参与基层社会治理的积极性和效能感，激活群众持续参与的热情。

溧阳以全域旅游创建为契机，推进百姓议事堂等民众参与机制建设，实施政府机关"拆墙透绿"等一系列益民制度安排，从而促进城乡经济空间融合、城乡经济质量融合，推进乡村振兴，提升和美化城市风貌，以及城乡文明建设。在全域旅游创建的过程中，不断提升民众的参与度和获得感，形成共治、共建、共享的新局面。

（五）坚持旅游与城乡融合的协同发展

溧阳市坚持旅游与城乡融合发展的理念，坚持全域统筹、整体、协调发展。溧阳市的美丽乡村已经成为长三角游客休闲度假的网红目的地，溧阳乡村田园生活成为"一种生活方式"的重要代表。乡村公路、乡村景观、乡村图书馆、乡村餐饮、乡村文化等都变成重要的旅游吸引物，都成为游客迷恋的对象。在溧阳，乡村就是大花园、乡村就是浪漫原乡、乡村就是绿水青山，乡村就是精致美好、乡村就是休闲惬意、乡村就是精神家园。全域旅游的发展，改变了很多人乡村就等于落后的固有观念，解决了城乡二元割裂的局面，成为城乡融合发展的典范。

（六）把"三生融合"作为发展根本路径

溧阳市强化协作并进，把生态优势转化为旅游优势，把旅游优势作为引领社会公共生活服务提升的重要依托，实现生态、生产、生活互融互动。持续激活生态力量，推动单纯的自然"原生态"创成与生产、生活深度融合的"新生态"。

创新的体制机制，是推动"三生融合"全域旅游发展的根本保证。溧阳首倡省际边界合作的苏皖合作示范区建设，推动"一岭六县"携手共建长三角产业合作区，长三角文化和旅游联盟联席会议在溧召开，为全域旅游发展注入开放的力量。探索生态价值转换机制，构建以生态容量评价体系为基础的市场化区域生态补偿模式，赋予生态资源市场价值，打造"绿色银行"赋能全域旅游发展。

释放空间与整合资源，是实现"三生融合"全域旅游高质量增长的新动力。溧阳聚力农村宅基地"三权分置"改革，唤醒闲置农房、宅基地等"沉睡的资源"。实施"苏南第一方"南渡庆丰村等 10 个村宅基地有偿使用、有偿退出，推动工商资本、专业人才"下乡"，乡村空间价值得到有力释放，为旅游带动富民起到示范。

塑造城市品牌提升城市综合吸引力，是"三生融合"全域旅游创建的重要目标。溧阳以城市形象塑造统揽全域旅游推介和营销，每年投入资金超 5000 万元，连续30 年举办的中国溧阳茶叶节和天目湖旅游节与近几年培育的"宋团城"观灯节、"四美丰收节"等 30 余项活动构建起节庆体系，近三年带动旅游消费超 600 亿元。冠名"美音自在溧阳""溧阳 1 号公路"高铁专列，"舌尖上的溧阳"成就中国长寿美食名城。

五、全域旅游溧阳县域治理模式的创新示范意义

溧阳树立了以"系统、统筹、整体"为核心的全域旅游县域治理观，加强"全域旅游 + 县域治理"的深层次融合互动，发挥全域旅游在县域治理中的引领和融合工具作用，在全国形成示范、成为标志性典范。

溧阳全域旅游示范区创建成功之后，全国各地开始学习推广"全域旅游溧阳模式"的先进做法。因此，总结全域旅游溧阳县域治理模式的创新示范意义，成为一个重要而紧迫的问题。

全域旅游溧阳模式的实践探索具有可复制性。全域旅游溧阳模式实践的成功，不是在于具有靓绝四方的自然禀赋，而是在于溧阳创新治理精神和以生态生产生活价值理念的传承，在于敢为人先、勇于创新、勤奋务实和持之以恒的精神，体现了治理创新和治理有效的内涵价值。全域旅游溧阳模式示范的要点，不只是其成功定型后的具体做法，更重要的是其探索和保障基层有效治理的基本原则。

（一）以全域旅游释放制度创新红利

溧阳创建全域旅游示范区，通过"全域旅游＋县域治理"，以旅游业作为深化改革的试验田，以县域治理体系和治理能力现代化为目标，以解决县域治理中的重点难点问题为重点，在旅游业中进行先行先试，疏通溧阳全市发展过程中土地供给结构、经济发展与生态保护、国民收入分配等重点难点问题的体制机制堵点，畅通景区间内外循环、城乡间要素循环、区域内外循环、国内国外循环，强化全域旅游的治理工具作用，为溧阳市经济发展持续释放体制机制红利。

（二）以全域旅游创造发展新动能

溧阳创建全域旅游示范区，通过发挥旅游业融合和渠道消费工具作用，释放县域经济的发展潜力，以全域旅游促进产业新融合，从"旅游＋"到"＋旅游"，打开各行各业的新局面，汇聚要素资源，培厚创新的土壤，提升全域发展的创新力。让旅游业成为反映县域经济社会高质量发展的"评价指数"。

（三）以全域旅游谋划城乡新篇章

"强城弱乡"和"城乡要素单向流动"，是城乡难以融合发展的核心问题。溧阳以全域旅游，整合城乡发展资源，打通城乡要素流动的堵点，优化资源配置，形成城乡要素双向流动的机制，壮大乡村，缩小城乡差距。以"一路两廊"为骨架、"三山两湖一团城"为重点的空间格局，通过加强城乡要素的融合互动，实现"以景点突破、以路串联、以全域旅游辐射"的方式，使城乡在融合互动中相互借力、共同发展，打造国际城乡融合示范城市新品牌。

（四）以全域旅游塑造区域发展新格局

溧阳创建全域旅游示范区，充分发挥旅游业在深化改革中的试验田优势，以旅游业作为先行军，在融入南京都市圈、长三角区域一体化、苏浙皖合作示范区中，探索文旅产业发展、生态环境保护、公共服务建设等方面的引领示范价值，把旅游打造成促进区域一体化的重要产业，实现区域协作共赢。让全域旅游发展理念成为区域协作发展的一种广泛共识。

（五）以全域旅游彰显溧阳城市新品牌

溧阳创建全域旅游示范区，高起点、高标准，以全域旅游彰显溧阳城市新品牌，重点打造"历史文化名城""创新活力新城""生活品质之城""国际度假之城""美丽乡愁之城"的溧阳城市品牌。强化文旅产业服务体系建设、旅游产品和形象标识打造、节庆活动策划和宣传，时时刻刻向游客、投资者、建设者，传递溧阳"可长居可小憩，可创业可旅游，可挥洒青春可安度晚年"的溧阳城市风貌。同时突出溧阳全域旅游的创新理念，总结成功模式，丰富发展方式，输出示范经验，不断推高城市文化新形象。

（六）以全域旅游凸显溧阳生态价值传承

从"四大开发"到"四大经济"再到"五大示范"，溧阳撤县设市30年的奋斗过程，就是旅游业发展和县域治理融合互动的过程。旅游业见证了30年来溧阳人把平凡的山水创造出不平凡的价值的整个过程，见证了探索生态和经济双向转换价值的整个过程。全域旅游是旅游业发展和县域治理融合的新阶段，凸显了溧阳治理精神和生态价值传承的内涵。要将全域旅游示范作为传递溧阳县域治理精神和生态价值传承的重要载体，让全域旅游成为评价县域治理能力和治理体系建设情况的生动展现标志。

（本书所有照片由溧阳市文体广电和旅游局提供）

策划编辑：王　丛
责任编辑：陈　冰
责任印制：冯冬青
封面设计：中文天地

图书在版编目（CIP）数据

全域旅游的溧阳高质量发展实践 / 杨明月著 . -- 北
京 : 中国旅游出版社 , 2021.11

（全域旅游创新模式研究丛书 / 戴学锋主编 . 第二
辑）

ISBN 978-7-5032-6825-0

Ⅰ . ①全… 　Ⅱ . ①杨… 　Ⅲ . ①地方旅游业 – 旅游业发
展 – 研究 – 溧阳 　Ⅳ . ① F592.755.4

中国版本图书馆 CIP 数据核字（2021）第 207558 号

书　　名：全域旅游的溧阳高质量发展实践

作　　者：杨明月　著
出版发行：中国旅游出版社
　　　　　（北京静安东里 6 号　邮编：100028）
　　　　　http://www.cttp.net.cn　E-mail: cttp@mct.gov.cn
　　　　　营销中心电话：010-57377108，010-57377109
　　　　　读者服务部电话：010-57377151
排　　版：北京中文天地文化艺术有限公司
印　　刷：北京金吉士印刷有限责任公司
版　　次：2021 年 11 月第 1 版　2021 年 11 月第 1 次印刷
开　　本：787 毫米 ×1092 毫米　1/16
印　　张：14
字　　数：220 千
定　　价：78.00 元
I S B N　978-7-5032-6825-0